Frei reden

In der gleichen Reihe erschienen:

**Erfolgreiche Reden und Ansprachen**
3-7663-2692-9

**Erfolgreich verhandeln**
3-7663-2603-1

**Reden und überzeugen**
3-7663-2878-6

**Erfolgreiche Bewerbung**
3-7663-2743-7

Wir freuen uns über Ihr Interesse an diesem Buch. Gerne stellen wir Ihnen kostenlos zusätzliche Informationen zu diesem Programm zur Verfügung. Bitte sprechen Sie un an:

**Bund-Verlag GmbH** • Theodor-Heuss-Allee 90-98 • 60486 Frankfurt am Main
Telefon (0 69) 79 50 10-0 • Fax (0 69) 79 50 10-10 10

E-mail: service@bund-verlag.de
http://www.bund-verlag.de

Wolfgang Fricke

# Frei reden

## Das praxisorientierte Traningsprogramm

Vierte, überarbeite Auflage

Bund-Verlag

Die Deutsche Bibliothek – CIP-Einheitsaufnahme

Fricke, Wolfgang:
Frei reden: das praxisorientierte Trainingsprogramm/
Wolfgang Fricke. – 4., überarb. Aufl. –
Frankfurt am Main : Bund-Verl., 2000
(Bund-Ratgeber)
ISBN 3-7663-3193-0


**Vierte, überarbeite Auflage, 2000**
© 1983 by Bund-Verlag GmbH, Frankfurt am Main
Herstellung: Inga Tomalla, Frankfurt am Main
Umschlag: Angelika Richter, Heidesheim
Satz: Dörlemann Satz, Lemförde
Druck: Freiburger Graphische Betriebe, Freiburg
Printed in Germany 2000
ISBN 3-7663-3193-0

# Vorwort

Um gleich von Beginn an keine Illusionen aufkommen zu lassen: Dieses Buch ist nicht der Wegweiser zur großen und einmaligen »Jahrhundertrede« und will es auch nicht sein. Vielmehr geht es darum, all denjenigen möglichst konkret zu helfen, die sich in unterschiedlichen Alltagssituationen öffentlich zu Worte melden wollen oder müssen – sei es im Betrieb, in Gewerkschaften, Bürgerinitiativen, Gemeinden oder Parteien.

Und deshalb wird auch nicht nur theoretisch übers Reden geredet bzw. geschrieben, sondern es werden vor allem Übungen angeboten, die behutsam aufbauend das »Handwerkszeug« und damit auch die Sicherheit zum wirklich freien Reden vermitteln können.

Die Themen und Beispiele dieses Leitfadens entstammen zwar hauptsächlich dem Bereich der Betriebsrats- und Gewerkschaftsarbeit, die beschriebenen Techniken können aber selbstverständlich überall angewendet werden, wo es gilt, das Wort zu ergreifen und frei, verständlich und wirkungsvoll zu reden!

*Die Tucholsky-Zitate …*

*… in diesem Buch sind mit freundlicher Genehmigung des Rowohlt Verlages entnommen aus: Kurt Tucholsky, Ratschläge für einen schlechten Redner, in: Gesammelte Werke, Bd. 8, Reinbek bei Hamburg, © 1960, S. 290ff. und ebenda, Ratschläge für einen guten Redner, S. 292.*

# Inhaltsverzeichnis

# I.  Einführung

## 1.  Die Sache mit der Ochsentour

Nein, Reden lernt man nicht auf Seminaren und erst recht nicht aus Büchern, sondern nur in der Praxis. Da muss man einfach ins kalte Wasser springen! Und wenn man das einmal getan hat, einfach weil man in einer bestimmten Situation reden *musste*, dann ging und geht das ja auch – irgendwie. Den Rest bringt dann die Routine!

So ist es oft zu hören, meist allerdings von denen, die diese »Ochsentour« schon hinter sich haben. Und ganz falsch ist das ja auch nicht. Es funktioniert, oft sogar recht gut. Aber ein wenig erinnert es doch an die schöne, alte Methode, Kindern das Schwimmen beizubringen, indem man sie einfach mal ins Wasser warf – wenn es geht, dann geht's.

Häufiger allerdings geht's nicht: Unzählige Menschen kommen immer wieder aus Sitzungen, Versammlungen oder irgendwelchen anderen Veranstaltungen heraus, hätten dort gerne etwas gesagt, haben dann aber doch nicht den Mut gehabt oder haben einfach nicht den richtigen »Dreh« gefunden. Hinterher hat man sich dann damit beruhigt, dass es »ja gar nicht so wichtig« war, und dass die anderen das ja sowieso viel besser gekonnt haben.

Oder schlimmer: Man hat's probiert, ist stecken geblieben, hat sich verhaspelt, ist vielleicht sogar ausgelacht worden … Und das war's dann erst einmal. Eine hoffnungsvolle Redekarriere hat ihr frühzeitiges Ende gefunden!

Schade, denn immerhin hängt nicht viel weniger als die Lebendigkeit einer Demokratie davon ab, dass sich möglichst viele Menschen bei möglichst vielen Gelegenheiten zu Wort melden. Das müssen ja durchaus nicht immer lange Referate oder »große« Reden sein – nein, die vielen kurzen Redebeiträge der ganz »normalen« Menschen, *die* sind das Salz in der Suppe der Demokratie:

- Ich bin neu in einen Betriebsrat gewählt worden und will nun das erste Mal in die Diskussion eingreifen.
- Ich meine, dass in der Schule eines meiner Kinder etwas schief läuft, habe mich geärgert und jetzt ist Elternversammlung.
- Ich bin der Einladung einer Bürgerinitiative gefolgt, sitze mit vielen fremden Leuten zusammen und habe da so eine Idee.

Alltägliche Situationen, gar nicht so schlimm eigentlich, und trotzdem sitzen wir da und überlegen, ob wir uns nun einmischen sollen oder nicht. Der rechte Arm zuckt, wir sitzen ganz vorne auf der Stuhlkante, auf dem Sprung sozusagen. Aber dann redet schon jemand anderer, außerdem gibt es noch zwei weitere Wortmeldungen … Ach, dann lassen wir es doch lieber bleiben.

Von allein geht es also nicht immer, es braucht einen kleinen Schubs, einige ganz konkrete Hilfestellungen und möglichst auch die Sicherheit, sich nicht zu blamieren.

Die Arbeit mit diesem Leitfaden soll genau das bringen – nicht mehr und nicht weniger: Sie soll Mut machen, sich einzumischen und dann etwas zu sagen, wenn etwas zu sagen ist. Es müssen und sollen ja nicht immer nur dieselben das »große Wort« führen. Reden zu können, das ist nicht angeboren, das kann gelernt, das kann sogar regelrecht trainiert werden.

Es muss auch trainiert werden – denn aus Büchern *allein* kann man Reden nicht lernen, da haben die Leute schon Recht. Training also – und das so praxisnah wie möglich.

Da ist zunächst einmal der kürzere Redebeitrag gefordert, mit dem wir uns zum Beispiel in eine bereits laufende Diskussion einschalten, mit dem wir ein Problem darstellen, eine Information weitergeben oder uns über etwas beschweren wollen.

Nicht gerade das, was man sich unter einer »richtigen« Rede vorstellt, aber doch schon eine »Kurz-Rede« – nicht spontan herausgesprudelt, sondern (schnell!) zurecht gelegt, logisch aufgebaut, mit einem klaren Ziel.

Klar, so eine Kurz-Rede, das geht möglicherweise auch ohne Vorbereitung, ohne »Redetechnik« und ähnliche Verrenkungen. Aber wie schon gesagt: Es geht nicht immer, jedenfalls nicht immer gut.

Und wenn es geht, dann bleibt manchmal einiges zu wünschen übrig. Mit Verlaub: Es wird viel zu oft geschwafelt, ohne erkennbares Ziel drauflos geschwatzt, es wird unangemessen lange oder unklar geredet. Merke: Wer sich zu Wort meldet, ist es den Zuhörenden schuldig, deren Zeit möglichst nicht zu verplempern. Deshalb also sollte auch der kleine Redebeitrag mehr sein als einige hingeplapperte Sätze – eine Kurz-Rede eben. Wer das Instrument der Kurz-Rede beherrscht, wird – glücklicherweise – auch mit längeren Reden gut zurecht kommen. Was nicht heißt, dass es nicht für die Vorbereitung auf längere Reden oder Sachreferate besondere Regeln, zusätzliche Hinweise und Übungsmöglichkeiten gäbe …

Aber das ist hier (wie in der Praxis auch) erst der zweite Schritt!

## 2.  Die blendende Rhetorik

Ein Stoßseufzer: Ja, das müsste ich können! Rhetorik! Blendend formuliert, wirkungsvoll vorgetragen, absolut überzeugend! Reden, sozusagen mit eingebauter Erfolgsgarantie – das wär's. Nach dem Motto:

»Was er gesagt hat, weiß ich nicht mehr, aber *wie* er das vorgebracht hat – ein glänzender Rhetoriker!«

Rhetorik, Reden können – das wünschen sich viele von uns, als handele es sich dabei um eine Art Waffe. Eine Waffe, die dort wirken soll, wo Argumente allein nicht durchschlagen, oder wo ich weiß, dass meine Ansichten von den Zuhörenden eigentlich nicht geteilt werden, ich sie aber doch unbedingt auf meine Seite bringen will. Die Form also, die Art und Weise, *wie* ich meine Argumente vorbringe, soll den Sieg dort herbeiführen, wo er (scheinbar) durch das, *was* ich zu sagen habe, allein nicht erreicht werden kann.

Der Wunsch, eine solche Waffe zur Verfügung zu haben, ist verständlich. Da sind zum Beispiel die Leute, zu denen ich rede. Die *wollen* oft einfach nicht begreifen, dass selbstverständlich meine Auffassung die allein richtige ist und dass meine und nur meine Idee ihre volle Unterstützung verdient. Und wenn das so ist, na ja, dann hilft ja wohl nur der tiefe Griff in die rhetorische Trickkiste ... Beispiel:

Ein Betriebsrat hat mit der Geschäftsleitung über eine geplante Rationalisierungsmaßnahme verhandelt. Nach fünf Verhandlungsterminen steht das Ergebnis fest: Die Durchführung der Maßnahme wird einiges an Arbeitszeit einsparen; diese Einsparung wird aber nicht – wie ursprünglich geplant – durch Entlassungen, sondern durch einen drastischen Abbau von Überstunden realisiert. Und als nun unser Betriebsrat mit diesem Ergebnis (und mit vor Stolz geschwellter Brust) vor die Belegschaft tritt, erlebt er die Überraschung seines Lebens. Anerkennung? Zustimmung? Keine Spur. Im Gegenteil – jedenfalls von denen, die nicht in der Gefahr waren, entlassen zu werden, hagelt es harsche Kritik.

Jetzt müsste es durch »gute Rhetorik« doch möglich sein, die Leute trotz alledem auf meine Seite zu ziehen. Ich habe schließlich Recht, und die anderen sind es, die uninformiert oder falsch informiert sind. *Die* haben einfach noch nicht lange genug über das anstehende Problem nachgedacht und sehen nur den persönlichen Nutzen der Überstunden, nicht aber die Situation derjenigen, die ihren Arbeitsplatz verlieren sollten ... Andererseits: Informieren, Denkprozesse anregen, Perspektiven deutlich machen, Überzeugungsarbeit leisten – das ist eine mühselige Angelegenheit. Dazu bedarf es langer Diskussionen – und es gibt nicht einmal eine Erfolgsgarantie. Verführerisch wäre es da schon, wenn ich mir diese Arbeit ersparen und durch ein wenig Rhetorik ersetzen könnte.

Aber auch dies ist denkbar: Der Betriebsrat hat eine Betriebsvereinbarung abgeschlossen – zum Beispiel über ein System der elektronischen Einzelplatzbeurteilung. Die ist auch gar nicht schlecht geworden; jedenfalls ist es gelungen, die Menge der dabei automatisch erfassten Daten klar zu begrenzen, ebenso auch die statistischen Auswertungen, die daraus abgeleitet werden sollen. Eine Leistungs- und Verhaltenskontrolle des Einzelnen, so steht es ausdrücklich in der Vereinbarung, wird es nicht geben. Aber wie man es auch dreht und wendet, das neue System nützt doch ausschließlich dem Arbeitgeber – von den verbliebenen Risiken mal ganz zu schweigen. Bedenkt man nun noch, wie dringend die Unternehmensleitung dieses Beurteilungssystem haben wollte, dann hätte der Betriebsrat doch mehr herausholen können – zumindest irgendeine Art von Gegenleistung. Das stößt nun auf Kritik, und der Betriebsrat, der den Fehler nicht zugeben will oder ihn so auch gar nicht sehen mag, muss jetzt »seine« Betriebsvereinbarung verteidigen.

Wir sehen: Kritik, sei sie berechtigt oder nicht, wird eigentlich nie als angenehm empfunden. Im Gegenteil – sie stört den geregelten Alltagstrott, sie ist peinlich und tut weh! Und wenn da die Argumente fehlen, um diese Kritik schnell und wirksam abzuwehren und zu entkräften, wie schön (und wie einfach) wäre es, wenn Rhetorik die fehlenden Argumente ersetzen und damit allerhand Ärger ersparen könnte.

Überdenken wir unsere beiden Beispiele noch einmal: Ist Rhetorik in dem einen Falle nun Mittel zum guten Zweck, also zulässig? Und ist Rhetorik im anderen Falle ein Instrument der Manipulation, also abzulehnen?

Nein. In beiden Fällen geht es im Grunde um dasselbe: Mitdenken, Nachdenken soll vermieden oder verhindert werden. Ich will nicht überzeugen, dazu bräuchte ich nämlich Argumente, ich will überreden. Ich will Zustimmung erreichen, wo ich sie sonst vielleicht nicht oder nicht so leicht bekäme. Und wenn das ginge, wenn das klappen würde, ja, dann wäre das tatsächlich eine »blendende« Rhetorik. Sie würde nicht Augen öffnen, sie würde blenden, sie würde die Menschen blind machen! Und das wollen, das sollen wir nicht!

Aber kein Grund zur Trauer – im wirklichen Leben funktioniert das mit dieser Art von Rhetorik ohnehin nicht so, wie manche sich das vorstellen. Die Menschen, zu denen wir sprechen, sind zum Glück ja nicht so dumm.

Ich kann Kritik, vielleicht sogar berechtigte Kritik durch das rhetorische Niederwalzen, durch ein erbarmungsloses »Totquatschen« anderer Meinungen vielleicht wegdrücken. Aber sie wird doch weiter schwelen und vielleicht schon sehr bald an anderer Stelle wieder zum Ausbruch kommen. Alles, was ich erreichen könnte, wäre vielleicht ein Umlenken der offenen Unzufriedenheit in unterschwelliges, heimliches Meckern.

So gesehen ist offene, nicht unterdrückte, nicht abgelenkte Kritik sogar in jedem Fall die bessere Lösung. Nicht in den Untergrund abgedrängte Kritik ermöglicht die offene Auseinandersetzung und sie ermöglicht es, Einfluss auf diese zu nehmen.

Aber, zugegeben, das ist natürlich nur die eine Seite. Viel häufiger verhält es sich umgekehrt. Täglich machen zum Beispiel Betriebsratsmitglieder die Erfahrung, dass Unternehmensleitungen ihre Beredsamkeit und ihre »Fachsprache« (mit Vorliebe englisches Management-Kauderwelsch) als »Waffe« einsetzen, um zu verschleiern, zu verwirren, um einzuschüchtern und auszutricksen. Da gegenhalten zu können, Gleiches mit Gleichem zu vergelten, ist nur ein zu verständlicher Wunsch vieler Menschen, nicht nur von Betriebsratsmitgliedern und Vertrauensleuten.

Aber selbst auf diesem Gebiet erreicht man durch rhetorische Kunstgriffe kaum etwas. Sie wirken nur, wenn man ein Gegenüber hat, das diese Tricks nicht kennt und sich deshalb unsicher machen lässt. Rednerische Kniffe machen schließlich kein Argument besser oder schlagkräftiger – und deshalb wirken sie auch nicht bei denen, die sie kennen und durchschauen (vielleicht weil sie sie auch selber benutzen).

Viel entscheidender ist in solchen Situationen deshalb, dass ich *erkenne*, wenn ein anderer trickst, dass ich sozusagen unempfindlich werde gegen Einschüchterungsversuche. Und ich muss versuchen, durch klaren und sachlichen Aufbau meiner Argumente die anderen dazu zu zwingen, ihrerseits auf rhetorisches Blendwerk zu verzichten. Das wäre dann wohl eher die angestrebte Waffengleichheit.

Noch etwas muss an dieser Stelle deutlich hervorgehoben werden: Wenn die eigenen Informationen nicht genügen, wenn die eigene Machtposition zu schwach ist, dann nützt auch die beste Redetechnik nichts. Verhandlungstaktik und freie Rede sind nur ein Handwerkszeug – nicht mehr und nicht weniger.

In jedem Fall aber ist es nützlich, einige Methoden und Tricks zu kennen – nicht um sie dann doch selber anzuwenden, sondern um sich davor schützen zu können.

15

## a) Die zwingende Logik

Der Begriff selber sagt schon, worum es geht. Ich habe einen logisch aufgebauten Gedankengang entwickelt und hoffe nun darauf, dass diese Logik andere Menschen dazu »zwingt«, meinen Gedanken als den (einzig?) richtigen zu akzeptieren.

Nun ja, warum eigentlich nicht? Wenn es doch logisch ist, dann wäre das ja ein Zwang, der sich *aus der Sache* ergibt und deshalb auch nur vernünftig sein kann.

Hört sich gut an, ist aber nicht so. Schon die Gleichsetzung logisch = wahr = vernünftig ist ja falsch. Schauen wir uns das etwas genauer an:

Logisches Denken heißt genau genommen nichts anderes als »widerspruchsfrei« zu denken. Um logisch zu sein, genügt es also, wenn die einzelnen Bestandteile meiner Argumentation »zusammenpassen«.

An folgendem Beispiel soll erläutert werden, worum es geht – Betriebsrat und Geschäftsleitung verhandeln miteinander über Kurzarbeit:

Die Geschäftsleitung: »Sie alle kennen unsere wirtschaftliche Situation, meine Damen und Herren! Die Auftragseingänge im letzten halben Jahr sind erheblich zurück gegangen. Damit haben die Schwierigkeiten, mit denen wir bereits seit Langem zu kämpfen haben, weiter zugenommen. Das kann auch für unsere Personalpolitik nicht ohne Folgen bleiben.

Sie als Betriebsrat haben – wie wir natürlich auch – sicher kein Interesse daran, dass wir dieses Problem durch Entlassungen lösen. Wir schlagen deshalb Kurzarbeit vor – zunächst für die kommenden vier Wochen.«

Gegen diese Argumentation lässt sich nicht allzu viel sagen, sie ist ohne Frage widerspruchsfrei, also logisch. Wenn wir uns anhören, was der Betriebsrat dagegen vorbringt, sieht die Sache allerdings schon etwas anders aus:

»Sie haben Recht, die Auftragseingänge sind weniger geworden.

Aber das ist nicht eine Folge des allgemeinen wirtschaftlichen Rückgangs, sondern das sind saisonbedingte Schwankungen, wie wir sie jedes Jahr zu verzeichnen haben. Immer schon ist zu den Weihnachtsfeiertagen und zum Jahreswechsel der Auftragseingang etwa so stark geschrumpft, wie jetzt auch. Das aber haben Sie bereits – selbstverständlich – in ihrer Gesamtkalkulation berücksichtigt. Die Alternative, Entlassungen oder Kurzarbeit, ist also falsch.

In Wirklichkeit wollen Sie sich die – eigentlich bereits finanzierte – Schwankung noch einmal vom Arbeitsamt bezahlen lassen. Und außerdem wollen Sie die Feiertage – die Sie, ohne dass gearbeitet wird, ja voll bezahlen müssten – durch Kurzarbeit auf Kosten der Arbeiter und Angestellten für sich billiger machen. Wenn wir jetzt kurzarbeiten, dann brauchen Sie während der Feiertage auch nur Lohnfortzahlung für die verkürzte Arbeitszeit zu zahlen. Deshalb verweigern wir unsere Zustimmung!«

So sieht das doch schon ganz anders aus. Betrachten wir jede der beiden Aussagen für sich, so sind beide Aussagen widerspruchsfrei, also logisch – wahr aber kann nur eine von beiden sein! Logik und Wahrheit sind also ganz und gar verschiedene Dinge. Und das kann ausgenutzt werden:

- Erstens kann ich einen Gedankengang durch einfaches Weglassen von Informationen (hier: die saisonbedingten Schwankungen des Auftragseingangs) in eine falsche Richtung laufen lassen und zu anderen (gewollt falschen?) Ergebnissen kommen.

- Zweitens kommt es immer auch auf den Hintergrund einer logischen Gedankenkette an. Wunschvorstellungen und spezielle Interessen bestimmen mit darüber, was uns logisch (oder auch wahr) erscheint.

Die Geschäftsleitung bemüht sich, die Kosten für das Unternehmen so gering wie möglich zu halten, die Konsequenz – Kurzarbeit – ist deshalb für sie logisch und vernünftig. Der Betriebsrat jedoch hat ein Interesse daran, Nachteile für die Belegschaft abzuwenden. Für ihn ist es also viel vernünftiger und – nach Hinzunahme einer weiteren Information – auch logisch, Kurzarbeit zu verhindern.

## b) Die Verschleierung der wahren Motive

Die »zwingende Logik« und der Versuch, andere zur eigenen Meinung zu überreden, indem die eigentlichen Ziele verschleiert werden, gehen oft Hand in Hand. Auch das zeigt das eben erwähnte Beispiel:
Die Geschäftsführung verschleiert ihr wahres Ziel (Kostendämpfung auf Kosten des Arbeitsamts und der Arbeitnehmer), indem sie ein anderes Motiv (Sorge um die Arbeitsplätze) vorschiebt. Dabei handelt es sich natürlich immer um ein Ziel, von dem man annimmt, dass die Zuhörenden es auch als eigenes übernehmen könnten.

## c) Das Anknüpfen an Vorurteile

Wir alle reagieren auf Sachen oder Menschen, ohne dass wir immer und in jedem Fall darüber nachdenken, warum wir ausgerechnet so und nicht anders reagieren. Auch dazu ein Beispiel:
Ich bin in einem größeren Unternehmen beschäftigt und habe dort mit einigen Vorgesetzten ziemlich schlechte Erfahrungen gemacht. Unterhalte ich mich einmal kurz, werde ich sofort angemotzt und überhaupt ständig zur Arbeit angetrieben. Klar, dass ich jedes Gespräch abbreche, sobald irgendwo ein »weißer Kittel« auftaucht. Das werde ich immer und grundsätzlich tun, auch wenn da jemand um die Ecke kommt, mit dem ich noch nie etwas zu tun hatte, von dem ich also gar nicht weiß, ob er mich anmeckern wird oder vielleicht nicht. Ich reagiere aber so,

weil ich mir auf Grund meiner Erfahrungen mit *einigen* Vorgesetzten ein »vorläufiges Urteil« über *alle* Vorgesetzten gebildet habe.

Solche vorläufigen Urteile erleichtern das Leben enorm, weil man immer weiß, wie man zu reagieren hat – zum Beispiel um Ärger aus dem Weg zu gehen. Wir alle haben uns für fast jede Situation im Leben solche vorläufigen Urteile entweder durch eigene Erfahrungen oder auch durch Hörensagen (durch die Erfahrungen anderer also) zurecht gelegt. Und das ist nicht nur nützlich, das ist sogar lebensnotwendig: Wir brauchen die vorläufigen Urteile, weil wir ohne sie ständig über Menschen und Situationen, die uns begegnen, neu nachdenken und uns immer wieder von Neuem entscheiden müssten, wie wir uns denn nun zu verhalten haben.

So weit, so gut! Aber auch die Gefahr, in die wir dadurch kommen, ist vielleicht schon deutlich geworden.

Vorläufige Urteile haben den Zweck, uns möglichst reibungslos durchs Leben zu bringen. Und das funktioniert natürlich dann besonders gut, wenn ich mich immer auf der »sicheren Seite« halte. Kein Risiko eingehen, keine Experimente! Ich reagiere möglichst immer genau so, wie meine Umwelt es von mir erwartet, oder wie ich glaube, dass sie es erwartet. Das aber ist nicht gerade günstig, wenn wir uns einmischen wollen, wenn wir aktiv sein wollen, wenn wir unser Umfeld nicht einfach nur hinnehmen, sondern es gestalten und verbessern wollen. Wir müssen uns also die Fähigkeit erhalten, auch bekannte Situationen immer mal wieder kritisch zu betrachten und vielleicht zu ganz neuen, ungewöhnlichen Wahrnehmungen zu kommen!

Können wir dies nicht mehr, dann ist aus einem vorläufigen Urteil ein Vorurteil geworden. Das Besondere an so einem Vorurteil aber ist, dass es auch durch hieb- und stichfeste Argumente, ja, sogar durch neue, andere Erfahrungen kaum noch zu verändern ist! »Argumentationsresistenz« nennen die Psychologen so etwas. Wenn ich nun mit einer Rede an weitverbreitete Vorurteile anknüpfe (gegenüber *der* Jugend, *den* Angestellten, *den* Türken, *den* Sozialhilfeempfängern), dann ist mir die Zustimmung der Mehrheit oft oder sogar meistens sicher.

Allerdings hätte ich damit auch so ziemlich das genaue Gegenteil von dem getan, was eine gute Rede ausmacht. Ich habe nicht zum Denken angeregt (z. B. zum Nachdenken über die Gründe, die zu einem Vorurteil geführt haben, und ob diese Gründe stichhaltig sind), sondern ich knüpfe dort an, wo ich glaube, dass ich Recht bekomme, ohne anstrengendes Nachdenken von den Menschen zu verlangen, und ohne dass ich vernünftige Begründungen liefern müsste. Die schrecklichsten Beispiele dieser Art blind machender Rhetorik finden wir in Reden aus der Nazizeit. In diesem und nur in diesem Sinne gab es in dieser Zeit auch eine »blendende« Rhetorik!

### d) Die Objektivität

Objektivität? Das ist doch genau das, was wir von einer guten Rede erwarten? Oder? Nun ja, schauen wir uns mal etwas genauer an, wie es denn wirklich aussieht mit »der« Objektivität.

Dies wäre die eine Möglichkeit, objektiv zu erscheinen: Ich untermauere meine Behauptungen durch Zahlen (wie in dem Beispiel mit der Kurzarbeit). Natürlich werde ich nicht so dumm sein, dabei ausgesprochen falsche Zahlen zu verwenden. Nein, ich suche nur die Zahlen heraus, die meine Absichten am besten unterstützen. Und ich nutze damit die (sehr wahrscheinlich vorhandene) Zahlengläubigkeit meines Publikums aus, um es auf meine Seite zu ziehen. In einer Rede ist das sogar besonders wirkungsvoll, weil die Zuhörenden ja gar keine Chance haben, meine Angaben zu überprüfen – und außerdem haben Zahlen immer so etwas Unanfechtbares.

Oder der Gipfel der Objektivität: Ich stelle unterschiedliche, tatsächlich vorhandene oder denkbare Positionen zu einem Thema dar – Meinung A, Meinung B und Meinung C. Und dann lasse ich meinem Publikum die Freiheit, sich für eine dieser Möglichkeiten zu entscheiden. Ich bemühe mich also ganz ausdrücklich um Objektivität, und (fast) niemand wird auf die Idee kommen, mir Voreingenommenheit oder gar Manipulation vorzuwerfen. Meine eigene Meinung habe ich ja nicht einmal gesagt, und deshalb kann ich sie ja wohl auch niemandem aufgezwungen haben. So jedenfalls erscheint es.

In Wirklichkeit aber habe ich aus der Fülle der Informationen, die zu den unterschiedlichen Meinungen gehören, nur einige heraus gesucht, denn alle kann ich im Verlauf einer Rede gar nicht vorbringen. Und Auswahl bedeutet immer auch Entscheidung, welche Information mehr und welche weniger wichtig ist. Diese Entscheidung aber treffe natürlich ich und zwar – weil es anders auch gar nicht geht – auf Grund meiner ganz persönlichen Bewertung der Fakten. Alle, die mir zuhören, werden also die von mir vorgetragenen Meinungen wie durch meine Brille sehen, und sie werden – wenn sie meinen Gedanken folgen und selbst nicht über die notwendigen Informationen verfügen – wie selbstverständlich zu den gleichen Schlussfolgerungen kommen, die auch ich gezogen habe, und die der Maßstab meiner Informationsauswahl waren. Obwohl ich also meine eigene Meinung gar nicht offen darlege, steckt sie in den Informationen, die ich im Verlauf meiner Rede präsentiere.

Genauso beliebt wie die »objektive« Gegenüberstellung unterschiedlicher Meinungen ist es, Autoritäten zu zitieren: »Die Wissenschaft hat festgestellt ...« oder »Wie schon die Nobelpreisträgerin Sowieso gesagt hat, ...«. Und unser Publikum ist (vielleicht) tief beeindruckt. Kaum jemand wird es wagen, nachzufragen oder gar zu bezweifeln, was »die Wissenschaft« festgestellt hat.

Dabei vergessen wir dann leicht, dass es »die Wissenschaft« gar nicht gibt. Es gibt nur Menschen, die eine Wissenschaft betreiben – und die fertigen ihre Arbeiten selbstverständlich (auch) aus einem bestimmten, persönlichen Blickwinkel an, sind also nicht wirklich objektiv, ganz zu schweigen davon, dass sie sich einmal irren können und das ja auch ständig tun.

Wissenschaftliche Aussagen sind nicht schon deshalb etwas wert, weil sie durch Anwendung wissenschaftlicher Methoden erarbeitet worden sind. Um ihre Verwertbarkeit beurteilen zu können, müsste ich zum Beispiel wissen, in welchem Zusammenhang sie stehen, was mit einer wissenschaftlichen Arbeit eigentlich gewollt wurde, wie die Ergebnisse zustande gekommen sind (manchmal auch: wer das Ganze bezahlt hat).

Mit der Objektivität ist es also so eine Sache: Im Grunde kann niemand wirklich objektiv sein. Immer sehen wir die Welt gefiltert durch die Brille unserer Erfahrungen, Meinungen und Vorurteile. Wir sollten also gar nicht erst so tun, als wären wir so schrecklich objektiv – sagen wir statt dessen doch einfach ganz offen unsere *Meinung*!

Aber wie auch immer: Um »blendende« und »zwingende« Rhetorik soll es in diesem Leitfaden jedenfalls nicht gehen. Und wer Tricks dieser Art erwartet hat, sollte das Buch trotzdem noch nicht bei Seite legen. Denn ohne rhetorische Mätzchen ist es sogar viel besser möglich, verständlich und wirkungsvoll zu reden … Und was will man schließlich mehr?

## 3.  Keine Angst vorm Reden

Was wir – Leser(innen) und Autor gemeinsam – mit diesem Buch vorhaben ist, genau betrachtet, ja ein wenig merkwürdig: Wir wollen lernen zu reden!

Das ist ein wenig so, als wenn ein junger Mann zur Bundeswehr kommt und dort zunächst einmal »Gehen lernen« soll, obwohl er doch im Regelfall bereits 18 oder mehr Jahre auf seinen Beinen herumläuft. Und »eigentlich« können ja auch alle Menschen reden, Gespräche führen, sich mitteilen.

Aber – zugegeben – reden und reden ist nicht immer dasselbe. Dafür ein Beispiel:

Ich bin, zusammen mit einigen anderen Leuten, zu einer Geburtstagsfeier eingeladen – vielleicht bei einem Arbeitskollegen. Nun ja, und irgendjemand soll dann irgendwann ein paar »passende Worte« sagen. Mich hat's erwischt mit diesem ehrenvollen Auftrag – wenn alle da sind, soll ich loslegen. Das Fest läuft auch sehr nett, alles ist locker. Gesprächsstoff gibt es reichlich. Die Runde unterhält sich lebhaft – ich natürlich auch.

Plötzlich stößt mich jemand an, ich schaue mich um – es scheinen so ziemlich alle da zu sein. Und damit auch der Punkt, an dem ich aufstehen soll, um meine »Rede« zu halten. Die bisherigen Gespräche waren natürlich kein Problem für mich – von Hemmungen keine Spur. Aber jetzt: Ich stehe auf, alle sehen mich an, langsam kehrt Ruhe ein. Ich habe den Auftrag, etwas zu sagen, ich habe einen offiziellen Auftritt.

Anders ausgedrückt: Ich bin von einer *Sprechsituation* in eine *Redesituation* geraten; eben war ich noch mitten in einer zwanglosen Unterhaltung, jetzt muss ich offiziell etwas sagen. Und obwohl sich äußerlich nichts verändert hat, ist *meine* Situation doch eine andere geworden. Konnte ich mich bisher ganz ungeniert unterhalten – in dem Augenblick, in dem ich aufstehe, mich aus der Gruppe heraushebe, alle Aufmerksamkeit auf mich ziehe, sind sie plötzlich da: die Hemmungen!

23

Vielleicht muss ich, ehe ich anfange zu reden, nur einmal kräftig schlucken. Oder ein Bein beginnt unkontrolliert zu zittern. Ich bekomme feuchte Hände oder einen roten Kopf. In der Magengegend zieht sich schmerzhaft etwas zusammen und drückt ... Mein Körper signalisiert mir in der einen oder anderen Form, beim einen mehr, bei der anderen weniger, dass auch ich sie habe – Redeangst!

Und da stehe ich nun: Der einleitende Satz, den ich mir vor Beginn des Abends so sorgfältig überlegt hatte und der so besonders gelungen und witzig gewesen wäre, ist plötzlich wie weggeblasen. Ich habe große Schwierigkeiten, mir auch nur das Wichtigste von dem, was ich mir zurechtgelegt hatte, wieder ins Gedächtnis zurückzurufen. Immer wieder muss ich Pausen machen, die mir unerträglich lang vorkommen. Ich verhaspele mich, bekomme meine Sätze nicht zu Ende – rette mich nur gerade eben so über die Runden. Und wenn es ganz schlimm kommt, verliere ich den Faden endgültig und muss mich mit hochrotem Kopf wieder hinsetzen.

Dann aber, in dem Augenblick, in dem ich mich hingesetzt habe, fällt mir all das wieder ein, was ich gerade eben eigentlich hatte sagen wollen ...

Eine solche oder ähnliche Erfahrung haben sicher schon fast alle Menschen bei dem Versuch gemacht, in der Öffentlichkeit zu sprechen. Natürlich ist die Heftigkeit, mit der sich die Redeangst bemerkbar macht, von Mensch zu Mensch sehr unterschiedlich. Aber auch Rede-Profis kennen die Redeangst, die bei ihnen zumindest als eine Art Lampenfieber vor einer Rede auftritt.

Redeangst darf dabei nicht mit »Maulfaulheit« verwechselt werden. Auch wer sonst – in nicht-offiziellen »Sprechsituationen« – redet wie ein Wasserfall, kann bei einem *Rede*auftritt plötzlich sprachlos werden oder nur noch unzusammenhängendes Zeug plappern.

Und um falschen Hoffnungen gleich hier vorzubeugen: Los werden wir diese Redeangst nie ganz! Die Nervosität vor einer Rede, den leichten Druck im Magen, das Kribbeln behalten wir auch nach jahrelanger Übung noch ... Vielleicht ist das auch ganz gut so, weil es uns davor bewahrt, in allzu glatte, kalte Routine zu verfallen, die die Zuhörenden nicht mehr ernst genug nimmt.

Was wir aber lernen können, ist, uns so auf eine Rede vorzubereiten, dass der Aufbau klar und verständlich ist, und dass mögliche Fehlerquellen von vornherein ausgeschaltet werden. Freies, lockeres Formulieren und selbstsicher erscheinendes Auftreten, das lässt sich üben – mit diesem Leitfaden. Und mit der Zeit werden wir dann in der Lage sein, trotz Redeangst verständlich, frei und damit auch wirkungsvoll zu reden. Den Rest bringt die Praxis, wenn nur erst der Anfang einmal gemacht ist.

## 4. Eine »Gebrauchsanleitung«

Reden kann man nur durch Reden lernen! Reden lernt man weder durch Zuhören, noch dadurch, dass man diesen Leitfaden oder irgendein anderes Buch zur Redetechnik einfach nur liest!

Deshalb beginnt mit dem nächsten Abschnitt auch eine ganze Kette von Übungen. Diese Übungen lassen sich entweder allein oder in einer Gruppe durchführen. Besser ist es natürlich, wenn es gelingt, Leute zu finden, mit denen man zusammenarbeiten kann. Dann kann man sich gegenseitig helfen und kontrollieren und man hat sogar ein – wenn auch kleines – »Publikum«. Deshalb sollte man auch auf jeden Fall einen ernsthaften Versuch machen, eine kleine Übungsgruppe zusammenzubekommen. Es gibt im Betrieb oder im Bekanntenkreis bestimmt einige Menschen, die ähnliche Probleme haben wie man selbst und die genau wie man selbst gerne daran arbeiten würden, mit ihren Redehemmungen besser fertig zu werden. Es muss nur jemand kommen und die Initiative ergreifen!

Arbeitet man dann zu zweit oder in einer kleinen Gruppe, sollten auf jeden Fall feste Zeiten für die gemeinsame Arbeit festgelegt werden. Etwa alle zwei Wochen, aber mindestens einmal im Monat sollte man einen Abend oder einen Nachmittag dafür vereinbaren.

Aber auch wer allein arbeiten will oder muss, sollte nicht etwa den ganzen Leitfaden auf einmal durcharbeiten – das bringt nicht viel. Auch allein sollte man sich feste Termine setzen und zwar in etwa den gleichen Zeitabständen, wie sie auch für die Arbeit in der Gruppe vorgeschlagen wurden! Der Grund: Es ist nicht nur gut, das jeweils Gelernte und Geübte ein wenig »sacken« zu lassen bis man dann weiter macht, man sollte auch zwischen den einzelnen Übungsabschnitten nach Gelegenheiten suchen können, das eine oder andere bereits einmal in die Praxis umzusetzen (aber dazu gleich noch etwas mehr).

An jeweils einem Termin sollte man dann einen Übungsabschnitt geschlossen durcharbeiten – also den einleitenden Text lesen und vor allem natürlich alle beschriebenen Übungen machen.

Wurden die einleitenden Kapitel also bis hierher gelesen, kann man von jetzt an abschnittsweise vorgehen. Da die Übungen aufeinander aufbauen, *sollte* der Leitfaden auch gar nicht in einem Rutsch durchgelesen werden.

Die vorgegebene Reihenfolge der Übungen allerdings muss in jedem Fall genau eingehalten werden. Wichtig ist dabei vor allem, dass man immer erst dann mit dem nächsten Übungsabschnitt beginnt, wenn man sich bei dem vorangegangenen wirklich sicher fühlt. Selbstverständlich können die einzelnen Übungen auch einige Male wiederholt werden – jede Wiederholung bringt ein Stück Routine und damit zusätzliche Sicherheit.

Außerdem: Während man mit diesem Leitfaden arbeitet (und später ebenfalls) sollte man jede Chance nutzen und sich »richtige« Reden anhören und angucken – im Fernsehen, auf Versammlungen, überall. Und wenn man dabei mit geschärftem Blick darauf achtet, was auch (angebliche) »Rede-Profis« alles falsch oder schlecht machen … Es gibt nichts Besseres fürs Selbstbewusstsein!

Das Wichtigste aber ist und bleibt das Selber-Üben. Und – wie gesagt – wenn es eine Chance gibt, das gerade Geübte schon einmal in der Praxis auszuprobieren, so sollte diese auch ergriffen werden! Mehr noch: Man sollte nach solchen Chancen suchen, gleich ob es sich um die nächste Betriebsratssitzung oder einen Elternabend handelt. Grundsatz dabei sollte sein: Bescheiden anfangen und nicht mehr machen wollen, als das, was man in den Übungssituationen bereits sicher beherrscht!

Wahrscheinlich wird es beim weiteren Durcharbeiten dieses Leitfadens häufiger einmal vorkommen, dass man sich beim Durchlesen einer Übungsbeschreibung sagt: »Na, das ist doch klar, was das soll – die Übung kann ich mir aber wirklich schenken!« Das wäre allerdings ein großer Irrtum. Man beherrscht eine Fertigkeit nicht dann, wenn man verstanden hat, was mit einer Übung gemeint ist und was daraus zu lernen ist, sondern erst dann, wenn man diese Übung selber ein oder mehrere Male durchgeführt hat. Reden ist nun mal in erster Linie eine Sache der Übung!

# II. Übungen

## Reden mit Ziel und Zweck

Bestimmt ist es oft so, dass wir bei dem Besuch einer Versammlung oder einer anderen Rede- und Diskussionsveranstaltung mit einem gewissen Recht den Eindruck haben können, dass eine ganze Menge Leute dort nur reden, weil sie gerade nichts Besseres zu tun haben, oder weil sie meinen, ihre Stimme müsste nun ganz dringend auch einmal zu hören sein (manche verstehen ja auch das unter »Rhetorik«: Viele Worte machen können, ohne etwas zu sagen).

Das aber ist nicht »Reden«, so wie wir das verstehen wollen. Das ist eher so etwas wie das »Erzeugen von Geräusch«! Das kann sich ja manchmal durchaus angenehm anhören und es kann sogar eindrucksvoll sein – aber: *Wir* sollten nur dann reden, wenn wir auch etwas zu sagen haben:

- Wir vertreten in einem bestimmten Punkt eine andere Meinung und wollen Widerspruch einlegen.
- Uns ist z.B. eine Information, ein konkreter Fall oder sonst irgendetwas bekannt, das Klarheit in eine Diskussion bringen könnte.
- Wir haben einen Vorschlag, wie ein anstehendes Problem vielleicht zu lösen ist.

Worum auch immer es geht: Wir haben ein Anliegen, wenn wir uns zu Wort melden und möchten jetzt natürlich erreichen, dass die Menschen, zu denen wir sprechen, das zur Kenntnis nehmen, weil es *für sie* wichtig sein könnte (ist das nicht der Fall, sollten wir den Mund halten). Jeder Redebeitrag zielt also auf die Zuhörenden, will bei *ihnen* etwas auslösen:

- Wir wollen, dass die Zuhörenden eine Information oder einen

Tatbestand zur Kenntnis nehmen und daraufhin – je nachdem – ihre Meinung ändern oder in ihrer Haltung bestärkt werden!

- Wir wollen erreichen, dass die Zuhörenden unsere Meinung kennenlernen und wenn möglich als ihre eigene übernehmen!
- Wir wollen, dass die Zuhörenden selber aktiv werden. Sie sollen praktische Konsequenzen aus unserem Redebeitrag ziehen – sie sollen zum Beispiel einen Antrag unterstützen, eine Veranstaltung besuchen, eine vorgeschlagene Kandidatin wählen oder ihr persönliches Verhalten ändern!

Jeder Redebeitrag verfolgt also ein genau festgelegtes Ziel (oder sollte es doch wenigstens!). Ich will mit meiner Rede also …

- informieren,
- überzeugen,
- bewegen.

Um das zu erreichen, muss ich vor allem wissen, *was* ich will, und *von wem* ich es will! Und dazu soll es jetzt eine erste Übung geben, mit der wir zunächst versuchen wollen, ein Gefühl dafür zu entwickeln, worauf es denn eigentlich ankommt, wenn wir Menschen zielgerichtet ansprechen wollen.

Es geht also (noch) nicht darum, eine komplette Kurz-Rede auszuarbeiten, sondern wir wollen uns lediglich ein paar Gedanken darüber machen, wie ein Redebeitrag aufgebaut sein könnte. Experimentieren wir einfach mal darauf los!

Übung 1:
## »Schreibe« und »Rede«

| | |
|---|---|
| Ziel der Übung: | Aus einem geschriebenen Text eine Kurz-Rede gestalten, die die Zuhörenden zu der Erkenntnis bringt, dass sie selber etwas zur Lösung eines Problems beitragen können und sollen! Dafür muss so klar und überzeugend wie möglich erklärt werden, *warum* das erwartet wird! |
| Unterlagen: | Übungstexte auf den Seiten 32 und 33 |
| Ablauf der Übung: | Ersten Übungstext (Seite 32) durchlesen! |
| | Nachdenken, welches Ziel in dem Text (einem Zeitungsartikel) steckt. Daraus ableiten, was die Zuhörenden auf Grund des Redebeitrags tun sollen. Dieses *Ziel* des Redebeitrages klar formulieren! Dabei überlegen und berücksichtigen, vor welchem Kreis das gesagt werden soll! Notizen machen! |
| | Die Argumente, die das Redeziel unterstützen, aus dem Text heraussuchen! Notizen machen! |
| | Festlegen, in welcher Reihenfolge diese Argumente am besten vorgebracht werden, und an welcher Stelle das *Redeziel* stehen soll! |
| | Die komplette Kurz-Rede jetzt in einigen Sätzen oder Stichworten aufschreiben! |
| | Die ganze Übung noch einmal mit dem zweiten Übungstext wiederholen! |

Übungstext 1:
## Damit es ganz einfach menschlicher zugeht!

Auch heute noch ergeben sich für Frauen Probleme, nur weil sie eben »weibliche« Arbeitnehmer sind. Frauen werden in der Arbeitswelt, aber auch in anderen gesellschaftlichen Bereichen, noch vielfach benachteiligt. Frau zu sein, heißt oft immer noch, die Arbeiten mit den geringsten Einkommen machen zu dürfen, kaum Aufstiegschancen zu haben, als erste gefeuert und als letzte geheuert zu werden.

Aus dieser Situation lässt sich die Forderung ableiten, dass sehr viel mehr Frauen als bisher in gewerkschaftlichen Gremien und in Betriebsräten mitarbeiten müssen!

Richtig ist sicherlich, dass dies am besten zusammen und in Solidarität mit den Männern erreicht werden könnte, aber gegen Benachteiligungen müssen sich zunächst die Betroffenen selbst wehren und das sind nun einmal die Frauen. Sie müssen ihr Anliegen – auch und vor allem gegenüber den Männern – sichtbar machen und sich dafür engagieren.

Übungstext 2:
**Bürger wollen mehr Bahn!**

Unter dem Aspekt Umweltverträglichkeit und Verkehrssicherheit rangiert die Bahn bei den Bundesbürgern ganz vorn. Fast jeder zweite Bundesbürger gibt dem Bahnausbau den Vorrang vor dem Straßen- und Flugverkehr.

Allerdings hält die Bereitschaft, das Auto auch wirklich stehen zu lassen und statt dessen auf die Bahn umzusteigen, mit dieser Einsicht nicht so recht mit – da ließe sich noch viel ändern.

Aber immerhin: Etwa 50 Prozent der Befragten sprachen sich für einen weiteren Ausbau des Schienennetzes aus, für den Ausbau der Autobahnen waren nur 10 Prozent, der Flugverkehr fand nur bei 4 Prozent der Befragten seine Anhänger. Das bedeutet aber auch: Eine hohe Zahl von Bürgern hat keine Meinung zum Thema Verkehrsentwicklung – da bestehen offensichtlich noch Kenntnislücken, die es zu schließen gilt.

## Anmerkungen zur Übung 1

Wenn es gut läuft, wird bei dieser Übung klar, dass es einen großen Unterschied zwischen einem geschriebenen Text (z.B. einem Zeitungsartikel) und dem Aufbau eines Redebeitrags gibt bzw. geben sollte. Um dieses herauszufinden, sollten nach Abschluss der Übung die Redeentwürfe und die Übungstexte noch einmal genau verglichen werden:

– Sind die Redeentwürfe nur ein Abklatsch der Texte?
– Oder sind die einzelnen Bestandteile und Argumente *anders* angeordnet?
– Kommt deutlich heraus, was das *Ziel* der Kurz-Reden sein soll?
– Können die Zuhörenden wirklich nach den Kurz-Reden wissen, was sie nun ganz praktisch (!) tun sollen?

Außerdem sollte beim Vergleichen noch über Folgendes nachgedacht werden:

– Bei einem geschriebenen Text kann ein nicht verstandener Satz einfach noch einmal gelesen werden; diese Chance haben die Menschen, die uns reden hören, nicht. Also muss eine Kurz-Rede besonders klar aufgebaut und formuliert sein.
– In einem Zeitungsartikel stehen die wichtigsten Aussagen oft am Anfang – das wäre bei einer Kurz-Rede vielleicht nicht so geschickt.
– Ein geschriebener Text beginnt mit einer Überschrift, mit einer Schlagzeile, die signalisieren soll, worum es in dem Text geht – die Frage ist, ob auch eine Kurz-Rede mit so einer Art Schlagzeile beginnen sollte.

Wenn man das Gefühl hat, bei der Ausarbeitung der Kurz-Reden doch noch zu sehr am Text kleben geblieben zu sein, sollte die Übung noch einmal wiederholt werden! Für eine mehrfache Wiederholung können auch beliebige kürzere Artikel aus irgendeiner Tageszeitung genommen werden.

## 2. Übungsabschnitt
# Aufbau einer Kurz-Rede

Ich habe ein Anliegen! Ich will etwas erreichen, mich durchsetzen – darum und nur darum rede ich ja überhaupt. Wenn ich von den Leuten nicht wirklich etwas will, kann ich besser den Mund halten. Das Anliegen, das ich habe, ist also das Wichtigste an meiner Rede.

Mein Anliegen an die Zuhörenden (Was sollen sie »mitnehmen«? Was sollen sie tun?) ist der eigentliche *Zweck* meiner Rede – deshalb nennen wir den Teil einer Rede, in dem dieses erläutert wird, den *Zwecksatz*!

Dieser Zwecksatz muss bei der Vorbereitung als Erstes festgelegt werden, denn alle anderen Argumente und Informationen dienen nur dazu, mein Publikum dahin zu bringen, dass es das versteht und möglichst auch akzeptiert, was ich erreicht sehen will.

Der erste Planungsschritt für eine Kurz-Rede ist deshalb immer die Formulierung des Zwecksatzes!

Noch einmal: Der Zwecksatz enthält das, was ich von den Zuhörenden eigentlich *will*: »Nehmt diese Information jetzt zur Kenntnis!« – »Begreift, worum es hier geht!« – »Unternehmt endlich etwas!«

So ein Zwecksatz allein aber macht natürlich noch keinen Redebeitrag; selbstverständlich muss ich mein Anliegen auch begründen. Im zweiten Planungsschritt stelle ich deshalb einige Fakten und Argumente zusammen, die meinen Zwecksatz unterstützen …

Damit aber hätte ich dann wohl schon alles zusammen, was ich für eine Kurz-Rede brauche – denn vorerst geht es uns ja nur um einen wirklich kurzen Redebeitrag beispielsweise im Verlauf einer Diskussion. Länger als allenfalls eine Minute sollte ich also nicht reden (das erscheint anfangs schon ziemlich lang!). Und viel Zeit für die Vorbereitung habe ich auch nicht – einige schnell aufgeschriebene Stichworte müssen (später, in der Praxis) ausreichen.

Aber trotzdem: Irgendetwas stimmt da noch nicht. Als erstes habe ich den Zwecksatz aufgeschrieben (»Das will ich von euch!«), danach folgte die Begründung.

*Planen* kann ich einen Redebeitrag nur so, in dieser Reihenfolge! Denn: So lange ich nicht festgelegt habe, was ich mit meiner Kurz-Rede überhaupt *erreichen* will, kann ich auch die Argumente nicht auswählen, die mein Anliegen wirksam unterstützen.

Aber ist dieser Aufbau auch für das Reden selber der sinnvollste? So wie wir die Rede *geplant* haben, steht jetzt ja das Wichtigste gleich am Anfang. Ich würde bei meiner Rede also mit der Tür ins Haus fallen und damit riskieren, dass die Zuhörenden erschrocken und abwehrend reagieren. Die nachfolgenden Erklärungen werden dann vielleicht gar nicht mehr richtig aufgenommen. Oft ist es auch so, dass einige aus dem Publikum erst beginnen zuzuhören, wenn ich bereits ein paar Worte gesagt habe. Kurzum: **Das Wichtigste sollte nicht gleich am Anfang stehen!**

Besser ist es, mit der Begründung behutsam auf den Zwecksatz hinzuarbeiten. Die Zuhörenden sollen erst Schritt für Schritt meine Argumente nachvollziehen können und (wenn es richtig gut läuft) meine Schlussfolgerungen schon selbst gezogen haben, wenn ich sie gerade ausspreche. Die Reihenfolge in der Kurz-Rede muss also eine andere sein, als die der Planungsschritte: Erst kommt die Begründung, dann der Zwecksatz!

Aber auch mit der Begründung sollte ich nicht gleich beginnen. Ich brauche noch eine (oft nur sehr kurze) Einleitung. Sie soll mit meinem Thema vertraut machen. Die Zuhörenden sollen ja an dem interessiert sein, was ich ihnen zu sagen habe. Sie sollen angeregt werden, aufmerksam zuzuhören. Sie müssen geradezu neugierig werden auf meinen Redebeitrag!

Und um das zu erreichen, muss ich in einem kurzen Einstieg signalisieren, dass ich (selbstverständlich!) nicht über irgendein x-beliebiges Thema rede, sondern dass das, was ich zu sagen habe, für die Zuhörenden *von Bedeutung* ist, weil sie etwas damit *zu tun* haben, weil sie davon *betroffen* sind.

Natürlich gibt es sehr viele unterschiedliche Möglichkeiten, in einen Redebeitrag einzusteigen. Immer aber sollte der Einstieg aus der Situation abgeleitet werden, in der wir gerade reden – wir wollen die zuhörenden Menschen ja direkt ansprechen, sie erreichen. Deshalb nennen wir unseren Einstieg in einen Redebeitrag auch einen »situationsbezogenen Einstieg«. Noch einmal: Es geht dabei darum, dass ich versuche, eine Verbindung zwischen meinem Rede-Thema und der Situation, den Erfahrungen der Zuhörenden herzustellen. Ich werde also zum Beispiel etwas aufgreifen, was bereits allgemein bekannt ist, was alle Zuhörenden gemeinsam erlebt und in Erinnerung haben.

Dass es dabei im Prinzip unendlich viele Möglichkeiten gibt, einen situationsbezogenen Einstieg zu formulieren, liegt auf der Hand – ein Patentrezept kann es nicht geben. Versuchen wir es also bei der nächsten Übung einfach einmal, in einem späteren Übungsabschnitt dann werden wir Einstiege und auch wirkungsvolle Zwecksätze noch einmal extra und ausführlich üben können.

Vorher aber ein zusammenfassendes Schema zum Aufbau einer Kurz-Rede nach dem 3-Schritt-Modell:

| Planung der Kurz-Rede | Gliederung der Kurz-Rede |
| --- | --- |
| 1. Zwecksatz (Anliegen an das Publikum) | 1. Einstieg »Dieses Thema geht euch an!« |
| 2. Begründung (Fakten und Argumente) | 2. Begründung »So sieht's aus!« |
| 3. Einstieg (situationsbezogen formuliert) | 3. Zwecksatz »Das könnt ihr tun!« |

Jetzt folgt – wie schon angekündigt – eine Übung zum Formulieren einiger Kurz-Reden nach diesem Modell.

Zunächst wird das Ausarbeiten noch ziemlich lange dauern – man muss doch einige Zeit überlegen, bis man einen klar aufgebauten Redebeitrag zusammenbekommen hat. Mit der Zeit aber wird das immer schneller gehen – und irgendwann so schnell, dass man eine Kurz-Rede tatsächlich während einer laufenden Diskussion in einigen Sekunden planen kann. Dafür ist es natürlich hilfreich, gerade diese Übung auch später immer wieder einmal zu wiederholen!

Übung 2:
## Die 3-Schritt-Kurzrede

| | |
|---|---|
| Ziel der Übung: | Kurz-Reden nach dem 3-Schritt-Modell ausarbeiten – wichtig: die drei Planungsschritte genau einhalten:<br>– Zwecksatz<br>– Begründung<br>– Einstieg<br>Erster Versuch, einen ausgearbeiteten Redebeitrag auch vorzutragen. |
| Unterlagen: | Arbeitsblätter auf den Seiten 41 bis 44; die dort abgedruckten Übersichten sollten am besten (wenn es geht vergrößert) kopiert werden, damit die Originalseiten unausgefüllt für spätere Wiederholungen erhalten bleiben. |
| Ablauf der Übung: | In den Diskussionsbeispielen äußern zwei Leute unterschiedliche Meinungen zu einem Problem. Überlegen, was die eigene Meinung dazu ist: A hat Recht oder B, oder man hat eine dritte, ganz andere Meinung dazu.<br><br>Entsprechend den Zwecksatz formulieren.<br><br>Stichworte für die Begründung und für den Einstieg überlegen und aufschreiben.<br><br>**Mehrere Sprechdenkversuche, wenn möglich mit Tonbandkontrolle.** |

## Anmerkungen zur Übung 2

In der Übung 1 haben wir uns darauf beschränkt, nur einige Notizen zu machen. Bei der Übung 2 steht am Ende ein »Sprechdenkversuch« – was darunter zu verstehen ist, muss noch kurz erklärt werden:

Bei einem Sprechdenkversuch legt man das mit Stichworten ausgefüllte Arbeitsblatt vor sich auf den Tisch und versucht nun, nach den aufgeschriebenen Stichworten vollständige Sätze zu bilden. Dabei kann man leise oder laut vor sich hin sprechen. Wichtig ist nur, dass man tatsächlich spricht und nicht in Gedanken die einzelnen Sätze formuliert.

Das Beste ist natürlich – auch bei den noch folgenden Übungen – wenn man nicht allein arbeitet, sondern mit noch jemandem oder sogar in einer kleinen Gruppe. Dann kann man den Sprechdenkversuch vor »Publikum« vortragen. Wer kein Publikum hat, wird von einer Tonbandkontrolle profitieren; eine Video-Aufzeichnung sollte aber auf keinen Fall gemacht werden, sie verunsichert mehr als sie hilft und vor allem »erzieht« sie dazu, die Kamera anzusprechen (was für Nachrichtensprecher im Fernsehen und für oft interviewte Politiker wichtig ist – wir aber wollen lernen, vor und zu *Menschen* zu sprechen).

Das Reden nur nach Stichworten ist zunächst sicher noch sehr, sehr schwierig – es sollte aber auf jeden Fall von Anfang an versucht werden. Wir beschäftigen uns im nächsten Übungsabschnitt noch ausführlich damit und können dazu eine Reihe von Übungen machen.

Beispiel-Arbeitsblatt
## Mehr Diskussionsbeteiligung, bitte!

**A sagt:** »Also irgend etwas stimmt bei unseren Versammlungen nicht. Reden tun immer nur dieselben und die anderen sitzen wie die Ölgötzen da und kriegen den Mund nicht auf! Ich frage mich, woran das liegt, und wie wir das schaffen können, dass mehr Leute als bisher eine wirkliche Chance bekommen, sich an unseren Diskussionen zu beteiligen.«

**B sagt:** »Wenn das Kritik an meiner Versammlungsleitung sein soll, dann will ich dir gleich mal Folgendes dazu sagen. Hier können alle reden, die das wollen. Ich übersehe niemanden und alle haben die gleichen Chancen. Aber wer diese Möglichkeit nicht nutzt, ist eben selbst schuld! Ich kann die Leute doch nicht zwingen, was zu sagen. Wahrscheinlich wollen die das eben nicht, und dann ist das doch auch okay.«

*Ich melde mich zu Wort und sage:*

(3) **Einstieg:** _____

_____

_____

(2) **Begründung:** _____

_____

_____

(1) **Zwecksatz:** _____

_____

_____

Arbeitsblatt
## Wer kandidiert für den Betriebsrat?

**A sagt:** »Kolleginnen und Kollegen! Auf der Tagesordnung steht jetzt der Punkt: Sammeln aller Kandidaturvorschläge für die bevorstehende Betriebsratswahl. Ich bitte also um möglichst viele Vorschläge! Gut wäre es zum Beispiel, wenn sich mehr Kolleginnen als früher zur Verfügung stellen würden. Bis jetzt ist unser Betriebsrat ja noch ein reiner Männerverein.«

**B sagt:** »Du meine Güte. Lasst doch diesen pseudo-demokratischen Quatsch. Stundenlange Diskussionen und am Ende hat sich dann doch nichts geändert. Ich bin dafür, wir lassen die Liste so, wie sie das letzte Mal war – soviel ich weiß, wollen die ja doch alle wieder kandidieren! Na ja, und wenn dann noch 'ne Frau zusätzlich mitmachen will, dann kommt die eben auch mit auf die Liste; ist kein Problem.«

*Ich melde mich zu Wort und sage:*

(3) **Einstieg:** _____

_____

_____

(2) **Begründung:** _____

_____

_____

(1) **Zwecksatz:** _____

_____

_____

Arbeitsblatt
## Vielleicht geht's auch mal ohne Auto!

**A sagt:** »Ich weiß nicht. Irgendwie ist das komisch. Wir sind doch nun alle für den Umweltschutz – theoretisch jedenfalls. Aber wenn ich mir angucke, wie das vor der Tür aussieht, wenn wir unser Gruppentreffen haben – fast alle sind mit dem Auto da. Auch die, die ziemlich nah wohnen. Ich denke, wir sollten gerade bei solchen Gelegenheiten das Auto stehen lassen und zu Fuß oder mit dem Rad kommen.«

**B sagt:** »Na, na – man kann aber auch alles übertreiben. Ich fahre auch mal mit dem Fahrrad, wenn das Wetter schön ist. Jetzt aber so eine Art moralische Verpflichtung daraus zu machen, das geht nun wirklich zu weit. Was dabei rauskommt, ist bloß, dass eine ganze Menge Leute dann einfach gar nicht mehr kommen werden.«

*Ich melde mich zu Wort und sage:*

(3) **Einstieg:** _____

_____

_____

(2) **Begründung:** _____

_____

_____

(1) **Zwecksatz:** _____

_____

_____

Arbeitsblatt
## Zu wenig Engagierte?

**A sagt:** »Kolleginnen und Kollegen! Die Beteiligung an unseren Sitzungen ist in der letzten Zeit immer schlechter geworden. Ich weiß wirklich nicht woran das liegt, wir machen doch das, was wir schon immer gemacht haben – das ist doch nicht schlechter oder langweiliger geworden. Und trotzdem: Früher waren wir immer 12 bis 15 Leute und jetzt sitzen hier noch sieben Figuren. Da müssen wir mal was unternehmen!«

**B sagt:** »Ach, hör doch auf. Da machst du gar nichts. Da kannst du dich auf den Kopf stellen und mit den Beinen wackeln und kannst auch Freibier anbieten – es will sich eben niemand mehr engagieren. Nur den Mund aufreißen, aber selber nichts tun. Ist doch immer dasselbe! Ich sag dir – lieber mit wenigen Leuten arbeiten, aber dafür richtig!«

*Ich melde mich zu Wort und sage:*

(3) **Einstieg:** _____

_____

_____

(2) **Begründung:** _____

_____

_____

(1) **Zwecksatz:** _____

_____

_____

3. Übungsabschnitt
# Das freie Sprechen

»Frei reden«, das kann ja viel bedeuten – es kann heißen, dass ich die Freiheit habe zu sagen, was ich denke. Es kann heißen, dass ich mit meiner Rede den Zuhörenden die Freiheit lasse, sich ihre eigene Meinung zu bilden. Und es kann heißen, dass ich frei spreche, weil ich keinen wörtlich vorformulierten Text habe, sondern nur einige Stichworte. Mit dieser eher praktischen Bedeutung der freien Rede wollen wir uns in diesem Übungsabschnitt beschäftigen.

Dabei ist gerade diese Frage, ob man nur nach Stichworten frei sprechen sollte oder nicht, sehr umstritten. Und vor allem zu Beginn ihrer »Rednerlaufbahn« haben die meisten Menschen schreckliche Angst, ohne ein in allen Einzelheiten ausgefeiltes Manuskript würden ihnen im entscheidenden Augenblick nicht die richtigen Worte einfallen.

Nun liegt es aber auf der Hand – und wer Abschnitte aus irgendeinem Buch einmal bewusst laut liest – wird das auch spüren: Geschriebene Sprache klingt anders als gesprochene. Sie wirkt meist hölzern, gestelzt, unnatürlich – man redet eben nicht frei von der Leber weg. Wer unseren Politikschaffenden und anderen Rede-Profis zuhört, von denen ja kaum jemand wirklich frei spricht, kann sehr schnell feststellen, dass diese Art Schriftdeutsch recht schwer zu verstehen ist, selbst dann, wenn dabei ausnahmsweise mal nicht so viele Fachworte benutzt werden …

Verständlicher ist es immer und auf jeden Fall, wenn man so redet, wie man auch im Alltag spricht – also ohne sich zu verstellen.

Der Wunsch, besonders ausgefeilt zu reden, ist natürlich gut zu verstehen. Der Betriebsrat zum Beispiel möchte gerne zeigen, was er kann oder dass er es (mindestens) auch so kann wie die Unternehmensleitung. Oder der Politiknachwuchs möchte Reden halten, die von den Polit-Profis ernst genommen werden. Auch ist es ausgesprochen erheiternd zu beobachten, wie unwahrscheinlich schnell

Neulinge in diesem Geschäft ihre ursprüngliche Unbefangenheit und Frische verlieren und wie bald sie genauso gestelzt und mit hohlen Phrasen daher reden, wie das die »Alten« tun. Nur – uns sollte es nun wirklich nicht in erster Linie darauf ankommen, dass wir Geschäftsleitungen oder sonst jemand »Höherem« imponieren, sondern dass wir von »unserem« Publikum *verstanden* werden.

Das Problem ist oft, dass wir meinen, unsere Alltagssprache sei eigentlich nicht gut genug für offizielle Redesituationen – das ist uns oft übrigens meist nicht einmal bewusst. Ganz unwillkürlich benutzen wir in Redesituationen Worte und Formulierungen, die wir in einem normalen Gespräch niemals verwenden würden.

In Redetechnik-Seminaren kann man das immer wieder erleben. Da sagt ein Betriebsratsmitglied bei einer Probe-Rede beispielsweise: »Nun, liebe Kolleginnen und Kollegen, damit ist doch wieder einmal der unwiderlegbare Beweis dafür erbracht, dass die Unternehmensleitung den Betriebsrat auch in diesem konkreten Falle bewusst und mit voller Absicht im Dunkeln gelassen hat.«

Zunächst findet niemand etwas an solchen herrlichen Sätzen. Wir sind das eben einfach gewohnt – fast jede öffentlich gehaltene Rede besteht ja nur aus solchen oder so ähnlichen Formulierungen. Wenn wir uns genau dazu aber folgende Situation vorstellen: Dasselbe Betriebsratsmitglied sitzt mit Ehepartner am Frühstückstisch, will dort das gleiche Problem schildern und sagt dann: »Hans-Werner – das siehst du doch sicher genauso, dass wir als Betriebsrat in diesem Falle wieder einmal bewusst und mit voller Absicht im Dunkeln gelassen wurden!« Tja – dann kommt uns das plötzlich doch etwas komisch vor, dass und wenn man in einem ganz normalen Gespräch derart geschraubte, unnormale (!) Formulierungen benutzt.

Es mag ungewohnt sein (gerade deshalb aber besonders wirksam!), wenn wir uns auch in offiziellen Redesituationen bemühen, möglichst »normal« zu sprechen. Auf jeden Fall ist es verständlicher und es kommt besser an! Und das ist es doch, was wir vor allem erreichen wollen: Wir möchten verstanden werden!

Eine verständliche Alltagssprache lässt sich allerdings nur schwer aufschreiben – wir bekommen das nur dann wirklich hin, wenn wir *frei* und das heißt *nach Stichworten* sprechen!

Außerdem: Ein wörtlich ausgeschriebenes Konzept verführt dazu, das Geschriebene nur abzulesen. Man klebt am Text und »leiert« – oft ohne Pause und ohne Betonung – den Redebeitrag herunter. Spricht man dagegen frei, so muss man jeden neuen Gedanken, der ja nur durch einige Stichworte beschrieben ist, erst einmal für sich formulieren. Was unter anderem bedeutet, dass man immer mal wieder kleine Pausen machen muss. Aber diese Pausen sind nichts Negatives! Im Gegenteil: Sie geben den Zuhörenden etwas Zeit, das Gehörte einen Augenblick nachwirken zu lassen – es kann dann besser aufgenommen und verarbeitet werden.

Man spricht also langsamer, betonter und mit mehr Pausen, wenn man frei redet!

Und man ist sicherer! Ja, tatsächlich! Das wörtlich aufgeschriebene Manuskript gibt nämlich nur eine scheinbare Sicherheit. Es ist ja als fortlaufender Text geschrieben und wenn ich beim Ablesen zwischendurch einmal hochgucke oder durch einen Zwischenruf abgelenkt werde, dann besteht die Gefahr, dass ich den Kontakt zu meinem Text und damit auch den Faden verliere. Und weil uns das bewusst ist, schauen die meisten Redenden vorsichtshalber gar nicht oder immer nur alle paar Minuten ganz kurz einmal hoch – was auch nicht gerade die beste Methode ist, eine mitreißende Rede zu halten.

Stichworte sind da prinzipiell übersichtlicher, man verliert nicht so schnell den Überblick, und wenn man doch einmal aus dem Konzept kommt, wird man besser damit fertig, weil man beim freien Sprechen ja ohnehin immer etwas improvisiert und sich rascher neu orientieren kann.

Die Erfahrung zeigt jedoch, dass die meisten Menschen das einfach nicht glauben wollen. Sie können sich nicht vorstellen, dass das freie Sprechen besser funktioniert und alles in allem sogar *sicherer* ist als das Sprechen nach einem vollständig ausgeschriebenen Manuskript. Deshalb: Die Gelegenheit, das wirklich freie Sprechen nach Stichworten bei der Arbeit mit diesem Leitfaden einmal ernsthaft auszuprobieren, sollte niemand versäumen!

Vielleicht überzeugt auch dieser kleine Ausschnitt aus Kurt Tucholskys berühmten »Ratschlägen für einen schlechten Redner«:

*»Sprich nicht frei – das macht einen so unruhigen Eindruck. Am besten ist es: du liest deine Rede ab. Das ist sicher, zuverlässig, auch freut es jedermann, wenn der lesende Redner nach jedem viertel Satz mißtrauisch hochblickt, ob auch noch alle da sind.*

*Wenn du gar nicht hören kannst, was man dir so freundlich rät, und du willst durchaus und durchum frei sprechen ... du Laie! Du lächerlicher Cicero! Nimm dir doch ein Beispiel an unseren professionellen Rednern, an den Reichstagsabgeordneten – hast du die schon mal frei sprechen hören? Die schreiben sich sicherlich zu Hause auf, wenn sie ›Hört! hört!‹ rufen ...«*

Wir sehen, viel hat sich nicht geändert, seit Tucholsky dieses beobachtet und aufgeschrieben hat – jede Bundestagsdebatte beweist das aufs Neue.

Das soll uns aber nicht daran hindern, es besser zu machen. Auch das freie Sprechen nach Stichworten kann natürlich trainiert werden. Und dazu werden jetzt einige aufeinander aufbauende Übungen angeboten, die ebenfalls später immer wieder einmal durchgeführt werden sollten.

Übung 3:
## Wiedergabe eines Textes

| | |
|---|---|
| Ziel der Übung: | Ohne Stichworte einen einmal gelesenen/ gehörten Text aus dem Gedächtnis wiedergeben. |
| Unterlagen: | Tageszeitung |
| Ablauf der Übung: | Eine beliebige Meldung aus der Tageszeitung heraussuchen (nicht länger als 15 bis 20 Zeilen). |
| | Die Meldung einmal und laut lesen. |
| | Die Zeitung umdrehen und versuchen, die wichtigsten Punkte zu wiederholen – sinngemäß, nicht wörtlich! |
| | Zeitung wieder umdrehen und überprüfen, ob man alle wichtigen Aussagen zusammen bekommen hat. |
| | Gut ist es natürlich, wenn man zur Kontrolle einen Kassettenrecorder oder ein Diktiergerät benutzen kann. |
| | Die Übung kann mit unterschiedlichen Artikeln mehrmals wiederholt werden. |
| | Arbeitet man zu zweit oder in einer Gruppe, lässt man andere den Text vorlesen und die vollständige Wiedergabe kontrollieren. |

Übung 4:
## Spontane Beschreibung eines Begriffs

| | |
|---|---|
| Ziel der Übung: | Einige Sätze lang über ein beliebiges Stichwort reden. |
| Unterlagen: | Tageszeitung |
| Ablauf der Übung: | Zeitung aufschlagen und über das erste Hauptwort, das ins Auge fällt, *sofort* losreden! Dabei nicht mehr weiterlesen, sondern die Zeitung gleich wieder zuschlagen. |
| | Am besten ist es, wenn man beschreibt, was das gelesene Wort für einen selbst bedeutet. Man sollte dabei versuchen, mindestens drei vollständige Sätze lang darüber zu sprechen. |
| | Arbeitet man zu zweit oder in der Gruppe, lässt man sich ein entsprechendes Stichwort zurufen. |
| | Diese Übung sollte auf jeden Fall mehrere Male (etwa vier- bis fünfmal) wiederholt werden. |

## Übung 5:
## Stegreif-Reden

| | |
|---|---|
| Ziel der Übung: | An Hand von vier zufällig zusammenge-würfelten Stichworten mehrere, möglichst zusammenhängende Sätze formulieren – für jedes Stichwort mindestens einen abge-schlossenen Satz! |
| Unterlagen: | Die ab Seite 53 abgedruckten Zettel (von diesen Seiten eine Kopie machen – wenn möglich vergrößert und auf etwas festerem Papier – und an den Linien entlang in ein-zelne, gleich große Zettel zerschneiden). |
| Ablauf der Übung: | Die Zettel mit den Stichworten gut mischen und mit der bedruckten Seite nach unten auf einem Tisch verteilen. |
| | Vier Zettel ziehen und übereinander legen – die Zettel dabei so auffächern, dass man alle vier Worte auf einmal lesen kann. |
| | Das erste Stichwort ansehen und *sofort* (!!!) losreden – hierzu auf jeden Fall noch die fol-gende Anmerkung lesen! |
| | *Während* man zum ersten Stichwort einen Satz formuliert, überlegen, wie man einen Übergang zum nächsten Stichwort schafft; dann darüber weiterreden usw. |
| | Wenn möglich, Kassettenrecorder oder Ähnliches einsetzen. |
| | Übung mehrfach wiederholen mit immer neuen Stichworten. Die einmal verwende-ten werden zur Seite gelegt. |

## Anmerkungen zu den Übungen 3 bis 5

Je häufiger diese Übungen zu verschiedenen Zeiten wiederholt werden, um so größer ist der Trainingserfolg.

Die Übungen 4 und 5 sind echte Stegreif-Übungen. Das heißt, dass diese Übungen nur dann klappen, wenn man wirklich (*ohne* nachzudenken!) *sofort* drauflosredet!

Vor allem bei der Übung 5 darf man *auf keinen Fall* versuchen, vor dem Reden in Gedanken eine Verbindung zwischen den einzelnen Stichworten herzustellen und womöglich die Reihenfolge der Zettel entsprechend umzusortieren. Das wäre ein grober Fehler und führt mit großer Sicherheit zum Scheitern! Sowie man das nämlich versucht, erscheint die Aufgabe so schwierig, dass man vor lauter Nachdenken gar keinen Anfang mehr findet.

Schafft man es zunächst nicht, aus dem ersten Wort spontan einen Satz zu bilden, hat man vielleicht angefangen nachzudenken und zu grübeln und findet man deshalb überhaupt keinen Einstieg, so macht das gar nichts. Man legt die Zettel einfach wieder hin und sucht neue Zettel heraus. Dann aber – bitte! – wirklich nur an Hand des ersten Stichwortes beginnen einen Satz zu bilden. Anfangs glaubt man es nicht, aber es ist durchaus möglich, während man einen ersten Satz bereits ausspricht, *gleichzeitig* darüber nachzudenken, wie es weitergehen soll. Genau das soll durch diese Übung ja auch trainiert werden.

Vielleicht gelingt es nicht gleich, zwischen allen Stichworten eine gelungene Verbindung herzustellen (dabei können manchmal ganz witzige Sachen herauskommen); aber auch das wird mit mehrfachem Üben immer besser werden. Diese Verbesserungen kann man mit einem Kassettenrecorder oder Tonbandgerät natürlich gut kontrollieren.

Übrigens ist die Übung 5 – mit selbst erstellten Zetteln (ganz kleine Karteikarten eignen sich besonders gut) und anderen Stichworten – auch ein nettes Gesellschaftsspiel!

**Stichwortzettel zur Übung 5**

| STAUB | HITZE | SICHERHEIT |
|---|---|---|
| MEISTER | ARBEITSPLATZ | GESETZE |
| UMWELTSCHUTZ | LÄRM | ANTWORT |
| VERTRAUEN | AUFKLÄREN | GLÜCK |
| HETZE | AUTO | PROFIT |

## Stichwortzettel zur Übung 5

| FAHRRAD | WAHL | GELD |
|---|---|---|
| KONTROLLE | ARBEIT | CHEFIN |
| DEMOKRATIE | VORSTAND | BEITRAG |
| MÜLL | FEIERABEND | UNGERECHT |
| PAUSE | KÜNDIGUNG | BETRIEBSRAT |

4. Übungsabschnitt
# Situationsbezogener Einstieg und Zwecksatz

Einstieg und Schluss einer Kurz-Rede sind die Teile, bei denen die unmittelbare Verbindung vom Thema hin zum Publikum deutlich gemacht werden soll. Deshalb sind diese beiden Teile auch für die Wirkung des ganzen Redebeitrags von entscheidender Bedeutung.

Mit dem Einstieg soll den Zuhörenden klargemacht werden, dass mein Thema speziell für sie interessant ist, dass es wichtig für sie ist, von jetzt an genau zuzuhören. Ich will sie neugierig machen auf das, was kommt. Ich will sie aufrütteln. Der Verzicht auf einen solchen Einstieg oder ein nicht exakt auf das Publikum zugeschnittener Anfang führen oft dazu, dass ein ansonsten sehr vernünftiger Redebeitrag, eine gute Idee oder ein wichtiger Vorschlag nicht entsprechend aufgenommen werden.

Gerade bei der Beschäftigung mit dem Anfang und dem Schluss einer Kurz-Rede entsteht oft der Eindruck, dass der 3-Schritt-Aufbau (wir werden ihn schon bald ausbauen zum 5-Schritt-Aufbau!) dazu führt, dass man zu umständlich, zu ausschweifend und zu kompliziert spricht. Genau das Gegenteil aber ist richtig: Die konsequente Anwendung dieser Modelle hilft, aus vorhandenen Informationen und Argumenten die wirklich nützlichen und notwendigen auszuwählen und sie in eine logische Reihenfolge zu bringen. Es verhindert das Abschweifen vom eigentlichen Thema und hilft auch, unnütze und verwirrende Wiederholungen zu vermeiden.

Die Befürchtung, dass man durch einen gezielt überlegten Einstieg seinen Redebeitrag übermäßig in die Länge zieht, hängt dabei auch mit dem Missverständnis zusammen, dass ein situationsbezogener Einstieg immer eine lange Geschichte sein müsse. Dabei ist eine kurze, aufrüttelnde Frage oder eine schlagwortartige, provozierende Behauptung am Anfang eines Redebeitrages viel wirksamer als eine lange und breite Schilderung, warum denn ein Thema für die Zuhörenden so furchtbar wichtig sein soll.

Das gleiche gilt auch für den Schluss, also für den Zwecksatz. Auch hier wende ich mich noch einmal direkt an die Zuhörenden, nehme sie in die Verpflichtung, auch selber aktiv zu werden. Wenn ich im Mittelteil meiner Kurz-Rede (Begründung) dargestellt habe, welche allgemeinen Maßnahmen zur Erreichung eines Zieles ich mir vorstellen kann, was ich zum Beispiel vom Gesetzgeber erwarte, was die Gemeinde tun müsste, oder was der Betriebsrat machen sollte, dann will und soll ich zum Schluss deutlich machen, dass auch jeder und jede ganz persönlich etwas zu dieser Problemlösung beitragen kann.

Darin steckt ja sogar ein Stück politisches Programm: Man kann die Lösung eines Problems nicht immer nur auf andere, auf »die da oben« abschieben. Man muss auch selber etwas tun. Sonst darf man sich nicht wundern, wenn »die da oben« etwas über unsere Köpfe hinweg entscheiden.

Demokratie heißt eben auch, dass alle Menschen die (Mit-)Verantwortung dafür tragen, dass und wie Probleme gelöst werden – und diese Verantwortung darf man nicht immer wieder abschieben.

Mit ein wenig Nachdenken findet man denn auch bei jedem Thema eine solche Möglichkeit, die Zuhörenden aufzufordern selber aktiv zu werden. Ich muss ja nicht sagen: *Der Betriebsrat* soll dieses oder jenes tun. Sondern ich kann sagen: *Wir* müssen den Betriebsrat dabei *unterstützen*, indem wir zum Beispiel unsere persönlichen Informations- und Beschwerderechte ausnutzen, indem wir selber Diskussionen am Arbeitsplatz führen, um etwas dazu beizutragen, dass eine Maßnahme oder ein Vorhaben des Betriebsrats die notwendige Unterstützung bei der Belegschaft findet. Und Umweltschutz ist eben nicht nur eine Sache der Gesetzgebung, der Richtlinien und der Grenzwerte, sondern auch etwas, zu dem alle persönlich etwas beitragen können, wenn auch nur um dadurch ein Signal zu setzen – die Liste mit Beispielen dieser Art ließe sich beliebig verlängern.

Auf jeden Fall aber kommt es darauf an, dass der Zwecksatz möglichst klar und unmissverständlich formuliert wird. Eine Rede darf zum Ende hin nicht abschlaffen, darf nicht leise »im Sande versickern« – sie muss es gewissermaßen mit einem genau sitzenden Paukenschlag beendet werden.

Noch eine allgemeine Anmerkung zum Rede-Aufbau: Es ist mit Sicherheit so, dass jedes Schema zunächst als eine Einengung, als Behinderung empfunden wird. Man kann nicht einfach mehr so drauflos reden, wie es einem gerade einfällt. Man braucht am Anfang auch noch ziemlich viel Zeit, um sich vorzubereiten, um Ordnung in die eigenen Gedanken zu bringen.

Soll der Redebeitrag aber genau die beabsichtigte Wirkung haben und will ich verhindern, dass ich den Faden verliere und ins »Palavern« komme, so dass die Zuhörenden am Ende gar nicht recht wissen, was ich nun eigentlich von ihnen wollte, dann *muss* ich mich an ein Schema halten. Und der am Anfang vielleicht (zu) groß erscheinende Aufwand wird sich bei entsprechendem Training sehr schnell verringern. Ich kann es mit dem 3-Schritt-Modell dann durchaus schaffen, während einer laufenden Diskussion in vielleicht nur einer oder zwei Minuten einen klar aufgebauten Redebeitrag zusammenzustellen. Wichtig ist dabei natürlich, dass ich von Beginn an nur mit Stichworten arbeite und nicht etwa versuche, einen kleinen Aufsatz zu schreiben.

Ehe wir zu nächsten Übung kommen, hier noch einmal die wichtigsten Möglichkeiten, Einstiege und Zwecksätze zu formulieren:

| Einstiege | Zwecksatz |
|---|---|
| »rhetorische Frage« | konkreter Antrag |
| provozierende Behauptung | Aufruf, selber etwas zu tun |
| praktisches Beispiel | Zusammenfassung und Appell |

Das Beispiel-Arbeitsblatt auf den Seiten 61 und 62 gibt einige Formulierungsbeispiele für diese Standardtypen.

## Übung 6:
## Einstieg und Zwecksatz

| | |
|---|---|
| Ziel der Übung: | Üben, verschiedene situationsbezogene Einstiege und durchschlagende Zwecksätze zu einem vorgegebenen Thema zu formulieren. |
| | Wichtig: Beides zielt direkt auf die Zuhörer, es hängt also tatsächlich von der jeweiligen Situation ab, was als Einstieg geeignet ist und welche Aktivitäten sinnvollerweise vorgeschlagen werden können. |
| | Es gibt deshalb nicht *den* »richtigen« Einstieg oder Schluss – es gibt immer mehrere und ganz verschiedene Möglichkeiten. |
| Unterlagen: | Arbeitsblätter auf den Seiten 63 bis 66 (wie gehabt: kopieren, wenn möglich vergrößert). |
| Ablauf der Übung: | Zunächst die vorgegebene Situation (den Problembereich und das Ziel des Redebeitrages) durchlesen. |
| | Überlegen, wie die genaue Situation, in der der Redebeitrag ausgeführt werden soll, aussehen könnte. |
| | Stichworte zu einem möglichen Einstieg formulieren (dabei muss etwas Phantasie entwickelt oder versucht werden, die beschriebene Situation auf eigene, bekannte Probleme zu übertragen). |
| | Unterschiedliche Möglichkeiten des Einstiegs am gleichen Beispiel erproben (Anregungen dazu gibt das Beispiel-Arbeitsblatt auf den Seiten 61 und 62). |

Sprechdenkversuch – möglichst mit Tonbandkontrolle – und überlegen, welche Einstiegsform die zündendste ist. Dabei ist es natürlich besonders gut, wenn man das zu zweit oder in der Gruppe machen kann.

Nach demselben Verfahren jetzt unterschiedliche Zwecksätze ausarbeiten.

Die Zwecksätze sollten kurz aber genau formuliert sein. Deshalb können sie (als Ausnahme!) auch wörtlich formuliert werden!

Die Zwecksätze laut vortragen (eventuell auf Tonband sprechen).

Dabei darauf achten, dass der Nachdruck mit dem der Zwecksatz vorgetragen werden soll (die Kurz-Rede soll schließlich etwas bewirken!), auch in der Stimme deutlich wird!

59

## Anmerkungen zu Übung 6

Zur Kontrolle kann bei dieser und auch den nächsten Übungen auf ein Tonband oder einen Kassettenrekorder im Grunde nicht verzichtet werden. Man sollte also auf jeden Fall versuchen, ein solches Gerät aufzutreiben.

Mit dieser Übung wollen wir auch beginnen darauf zu hören, wie *überzeugend* die Kurz-Reden vorgetragen werden. Es muss also darauf geachtet werden, ob mit ausreichendem Nachdruck und einiger Betonung gesprochen wird oder ob sich die ganze Sache noch etwas langweilig und trocken anhört. Dieses – der *wirkungsvolle* Vortrag – wird dann auch das Thema des übernächsten Übungsabschnitts sein.

Beispiel-Arbeitsblatt
## Arbeitszeiterfassung – für wen?

| | |
|---|---|
| Situationsbezogener Einstieg: | 1. Die rhetorische Frage:<br>*»Liebe Kolleginnen und Kollegen! Sind wir als Gewerbliche eigentlich weniger zuverlässig als die Angestellten?«*<br>2. Die provozierende Behauptung:<br>*»Liebe Kolleginnen und Kollegen! Ich habe den Eindruck, dass es in diesem Unternehmen zwei Klassen von Beschäftigten gibt!«*<br>3. Das konkrete Beispiel:<br>*»Liebe Kolleginnen und Kollegen! Jeder Gewerbliche hier im Raum hat sich mit Sicherheit schon oft darüber geärgert, dass er vor den Zeiterfassungsgeräten in der Schlange stehen musste, während die Angestellten so durchs Tor marschieren!«* |
| Problembereich: | Nur »Gewerbliche« sind verpflichtet, das neue Arbeitszeiterfassungssystem zu bedienen, die Angestellten sind davon befreit! |
| Ziel der Kurz-Rede: | Der Betriebsrat soll sich dafür einsetzen, dass es generell keine technische Arbeitszeiterfassung mehr gibt, sondern nur noch »Vertrauensarbeitszeit«! |
| Zwecksatz: | 1. Der Antrag auf Beschlussfassung:<br>*»Mein Antrag an den Betriebsrat lautet: Innerhalb der nächsten zwei Wochen sind Verhandlungen mit der Geschäftsleitung zu beginnen und auf unserer nächsten Versammlung ist darüber zu berichten! Ich bitte euch, diesen Antrag zu unterstützen!«* |

2. Zusammenfassung und Appell:
*»Wir müssen das durchschauen, Kolleginnen und Kollegen! Diese Art der Zeiterfassung treibt einen Keil zwischen die Gewerblichen und die Angestellten. Deshalb unterstützt bitte meinen Antrag auf sofortigen Verhandlungsbeginn!«*

3. Aufruf, selbst etwas zu tun:
*»Wir alle müssen als Gewerbliche mit den Angestellten darüber diskutieren, wann immer das möglich ist. Nur so verhindern wir, dass wir als Belegschaft in dieser wichtigen Frage gegeneinander arbeiten!«*

Arbeitsblatt
## Öko-Wettbewerb

**Situations-
bezogener
Einstieg:**

_____

_____

_____

_____

_____

_____

_____

**Problem-
bereich:**     Es gibt viele Bereiche im Betrieb, in denen noch zu
wenig umweltbewusst gearbeitet wird. Nur selten
wurden Ideen entwickelt.

**Ziel der
Kurz-Rede:**     In einem Wettbewerb sollen möglichst viele praktische Ideen für den angewandten Umweltschutz
gesammelt werden!

**Zwecksatz:**     _____

_____

_____

_____

_____

_____

_____

Arbeitsblatt
**Personalreserven schaffen**

**Situations-
bezogener
Einstieg:**

_____

_____

_____

_____

_____

_____

_____

**Problem-
bereich:**     Die Personalreserve reicht nicht aus, um alle Leute
               für die Kurzpausen rechtzeitig ablösen zu können.

**Ziel der
Kurz-Rede:**   Der Betriebsrat soll sich für Neueinstellungen stark
               machen, um die abgebauten Personalreserven wie-
               der aufzustocken!

**Zwecksatz:**  _____

_____

_____

_____

_____

_____

Arbeitsblatt
## Umweltschutz durch Energiesparen

**Situations-
bezogener
Einstieg:**

_____

_____

_____

_____

_____

_____

_____

**Problem-
bereich:**   In einer Schule brennt oft unnötig Licht,
Fenster stehen offen – eine Reduzierung des
Energieverbrauchs wäre möglich!

**Ziel der
Kurz-Rede:**   Aufforderung an alle, bei Verlassen der Räume
die Lampen auszumachen und die Fenster zu
schließen!

**Zwecksatz:**   _____

_____

_____

_____

_____

_____

_____

Arbeitsblatt
**Anschaffung eines »Geschirr-Mobils«**

Situations-
bezogener
Einstieg:

_____

_____

_____

_____

_____

_____

Problem-          Bei den diversen Festen der Gemeinde werden
bereich:          riesige Berge von Einmalgeschirr und Plastik-
                  besteck verbraucht.

Ziel der          Die Gemeinde soll ein »Geschirr-Mobil« mit
Kurz-Rede:        Porzellangeschirr, richtigen Bestecken und Spül-
                  maschine anschaffen!

Zwecksatz:        _____

_____

_____

_____

_____

_____

5. Übungsabschnitt
# Der 5-Schritt-Redeaufbau

Das (noch sehr einfache) 3-Schritt-Modell taugt nur für verhältnismäßig kurze Redebeiträge. Es ist entwickelt worden vor allem für den Redebeitrag, mit dem man sich in eine laufende Diskussion einmischen will, für den man also nur sehr wenig Vorbereitungszeit hat (und braucht). Nach einigem Training wird man übrigens feststellen, dass man in der Lage ist, selbst spontan formulierte Redebeiträge nach diesem Schema aufzubauen, ohne dass man sich überhaupt so ausdrücklich darum bemüht hat – die schlichte Logik des Aufbaus ist »in Fleisch und Blut übergegangen«. Und damit ist man natürlich einen großen Schritt voran gekommen. Deshalb sollten die bis hierher beschriebenen Übungen auch ruhig häufiger wiederholt werden!

So vielseitig und häufig verwendbar die 3-Schritt-Kurz-Rede auch ist – ist das Thema etwas umfassender und muss deshalb ein Redebeitrag zwei, drei oder mehr Minuten dauern, dann genügt dieses einfache Modell nicht mehr. Wir müssen es erweitern von drei auf fünf Schritte. Einstieg (situationsbezogen!) und Schluss (Zwecksatz) können im Prinzip so bleiben wie beim 3-Schritt-Aufbau, nur die Begründung muss noch etwas genauer untergliedert werden.

Fangen wir noch einmal ganz von vorne an. Wir reden nicht »um Geräusch zu erzeugen«, sondern wir reden mit einem klaren Ziel – wir wollen informieren, überzeugen, bewegen! Und obwohl wir das nicht mit dem erhobenen Zeigefinger des Oberlehrers erreichen können, ist das, was wir den Zuhörenden abverlangen, doch so etwas wie ein Lernprozess. Lernen aber können diese nur das, was sie schrittweise langsam und genau nachvollziehen konnten. Werden wir überraschend mit einer neuen, vielleicht auch noch ganz gegen unsere bisherigen Erfahrungen laufenden Behauptung oder Idee konfrontiert, dann werden wir mit (gesunder) Skepsis reagieren. Haben wir aber den Gedankengang genau kennen gelernt, der zu dieser Behauptung hinführt, werden wir eher bereit sein, auch Ungewohntes zu akzeptieren oder zumindest ernsthaft in Erwägung zu ziehen. Damit wir uns nicht missverstehen: Einen Redeaufbau, der immer und unbedingt und bei allen Menschen zum Erfolg führt, gibt es (zum Glück!) nicht – aber unsere Durchsetzungs-Chancen steigen doch, wenn wir uns an die eben genannten Prinzipien halten. Jetzt aber zu den Einzelheiten:

Wenn wir reden, dann geht es meist um Probleme. Schwierigkeiten, Konflikte, Forderungen, Missverständnisse – und wir wollen mit unserer Rede versuchen, Tatsachen zu klären und Lösungsmöglichkeiten zu finden.

Der erste Schritt der Begründung ist damit eigentlich klar: Ich muss meinem Publikum sagen, worum es überhaupt geht, wie die Situation aussieht, die mich dazu gebracht hat, das Wort zu ergreifen. Manchmal kommt auch noch ein wenig Vergangenheitsbewältigung hinzu – ich muss zusätzlich erläutern, wie die genannte Situation überhaupt entstehen konnte, was bereits passiert ist, und vielleicht auch, wen wir dafür verantwortlich machen können. Aber bitte Vorsicht mit solchen »geschichtlichen« Rückblicken!

Auch dazu hat Kurt Tucholsky einen Ratschlag »für den schlechten Redner« parat:

*»Fang immer bei den alten Römern an und gib stets, wovon du auch sprichst, die geschichtlichen Hintergründe der Sache. Das ist nicht nur deutsch – das tun alle Brillenmenschen. Ich habe einmal in der Sorbonne [einer berühmten französischen Universität, Anm. d. A.] einen chinesischen Studenten sprechen hören, der sprach glatt und gut französisch, aber er begann zu allgemeiner Freude so: ›Lassen Sie mich Ihnen in aller Kürze die Entwicklungsgeschichte meiner chinesischen Heimat seit dem Jahre 2000 vor Christi Geburt …‹ Er blickte ganz erstaunt auf, weil die Leute so lachten.*

*So mußt du das auch machen. Du hast ganz recht: man versteht es sonst nicht, wer kann denn das alles verstehen ohne die geschichtlichen Hintergründe … sehr richtig! Die Leute sind doch nicht in deinen Vortrag gekommen, um lebendiges Leben zu hören, sondern das, was sie auch in den Büchern nachschlagen können … sehr richtig! Immer gib ihm Historie, immer gib ihm!*«

Allerdings: Die Situation, um die es geht, die muss klar sein, denn sonst versteht man nun wirklich nicht, worum es geht.
Das aber kann natürlich nicht alles sein. Ich muss auch sagen, welches Ziel ich vor Augen habe, und mit welchen Maßnahmen dieses Ziel erreicht werden kann!
Gehen wir also noch einmal durch, wie nach diesem Modell die Planung eines Redebeitrags abläuft:

| | |
|---|---|
| 1. Schritt | ist unverändert die Formulierung des **Zwecksatzes** – ich mache klar, was mein Anliegen an die Zuhörenden ist, was ich von ihnen erwarte. |
| 2. Schritt | ist die **Beschreibung der Situation**, die mich dazu bringt, dieses Anliegen vorzutragen. |
| 3. Schritt | ist die »Vision«, das Aufzeigen des **Zieles**, das ich habe und das die Zuhörenden möglichst auch für sich akzeptieren sollen. |
| 4. Schritt | ist die **Beschreibung des Wegs**, den ich zum Erreichen dieses Zieles für richtig halte. |
| 5. Schritt | ist – wie gehabt – die Formulierung eines **situationsbezogenen Einstiegs**. |

Dies ist natürlich wieder die Reihenfolge der *Planung*, der schrittweisen Ausarbeitung, *nicht* der Aufbau des eigentlichen Redebeitrages. Der Zwecksatz kommt ans Ende und der Einstieg – klar! – an den Beginn.
So ein 5-Schritt-Aufbau ist natürlich etwas komplizierter und wird deshalb – wie gesagt – vor allem für Redebeiträge verwendet, auf die ich mich in einiger Ruhe vorbereiten kann. Schon hier

können wir aber beruhigt feststellen: Komplizierter wird es nun nicht mehr. Es wird zwar noch verschiedene Variationen des 5-Schritt-Modells geben, im Prinzip aber können alle Reden und Vorträge, egal wie lang sie auch sein müssen und mögen, nach diesem Modell aufgebaut werden!

Übrigens: Die Logik dieses Aufbaus ist so schrecklich originell nicht – sie liegt eigentlich auf der Hand. Es gibt einige Naturtalente, die ihre Redebeiträge schon immer so formuliert haben und es laufend tun, ohne auch nur zu ahnen, dass es so etwas wie den »5-Schritt-Aufbau« überhaupt gibt. Nehmen wir das als Hinweis dafür, dass es sich eben tatsächlich um eine wirklich vernünftige und praxisgerechte Art handelt, verständliche Redebeiträge zu »konstruieren«.

Ehe wir nun mit den Übungen zum Redeaufbau nach dem 5-Schritt-Modell anfangen, kommt erst einmal eine grafische Übersicht, die hoffentlich endgültig klarmacht, wie die Standard-Gliederung einer Rede aussehen sollte (Ausnahmen und Variationen kommen – auch das wurde schon erwähnt – später noch dazu).

Übersicht
## Aufbau der 5-Schritt-Rede

| 3. Planungs-schritt: **situations-bezogener Einstieg** | *Ich sage, was mein Thema mit den Zuhörenden persönlich zu tun hat!* | **Warum rede ich?** |

| 2. Planungs-schritt: **Begründung** | *Ich beschreibe, wie eine Situation aussieht; evtl. auch, wie es dazu kommen konnte!* | **Wie ist die Situation?** |

| | *Ich beschreibe, was ich erreicht sehen will – wie eine veränderte, verbesserte Situation aussehen soll!* | **Was soll erreicht werden?** |

| | *Ich sage, mit welchen Maßnahmen meiner Meinung nach dieses Ziel zu erreichen wäre.* | **Wie kann das erreicht werden?** |

| 1. Planungs-schritt: **Zwecksatz** | *Ich sage, was die Zuhörenden persönlich tun können, damit das angestrebte Ziel wirklich erreicht wird!* | **Das will ich von euch!** |

Übung 7:
## Die 5-Schritt-Rede

| | |
|---|---|
| Ziel der Übung: | Ausgehend von einem vorgegebenen Zwecksatz die Formulierung von Redebeiträgen im 5-Satz-Aufbau üben. |
| Unterlagen: | Arbeitsblätter ab Seite 73 (vergrößert kopiert). |
| Ablauf der Übung: | In die offenen Felder der Arbeitsblätter zu den einzelnen Punkten der Gliederung Stichworte eintragen; dabei zunächst die drei Begründungspunkte und dann den Einstieg bearbeiten. Sind alle Punkte mehr oder weniger ausführlich mit Stichworten versehen: Vortrag im Sprechdenkversuch. |

Arbeitsblatt
## Sicherheit am Arbeitsplatz

*Situations-*
*bezogener*
*Einstieg:*
*Warum rede ich?*

_____

_____

_____

_____

*Begründung:*
*Wie ist die*
*Situation?*

_____

_____

_____

_____

*Was soll erreicht*
*werden?*

_____

_____

_____

_____

*Wie kann das*
*erreicht werden?*

_____

_____

_____

_____

*Zwecksatz:* **Gesundheitsschutz ist nicht nur ein allgemeines Problem. Durch das Tragen von Schutzhelmen und Sicherheitsschuhen, aber auch durch die strikte Beachtung aller Sicherheitsrichtlinien können wir alle etwas dazu beitragen!**

73

Arbeitsblatt
## Dienstfahrten mit der Bahn

*Situations-*
*bezogener*
*Einstieg:*
*Warum rede ich?*  _____

_____

_____

_____


*Begründung:*
*Wie ist die*
*Situation?*  _____

_____

_____

_____


*Was soll erreicht*
*werden?*  _____

_____

_____

_____


*Wie kann das*
*erreicht werden?*  _____

_____

_____

_____


*Zwecksatz:*  *Ich weiß, dass das Unbequemlichkeiten und*
*auch mehr Organisationsaufwand für uns alle*
*bedeutet. Trotzdem: Die Regelung »Dienstfahr-*
*ten nur noch mit der Bahn!« muss durchgesetzt*
*werden – mit eurer Unterstützung!*

Arbeitsblatt
## Wir ersticken im Müll

*Situations-
bezogener
Einstig:
Warum rede ich?*

_____

_____

_____

_____

*Begründung:
Wie ist die
Situation?*

_____

_____

_____

_____

*Was soll erreicht
werden?*

_____

_____

_____

_____

*Wie kann das
erreicht werden?*

_____

_____

_____

_____

*Zwecksatz:*     **Das mindeste, was wir nun wirklich alle tun
können, ist das getrennte Sammeln der verschiedenen Müllsorten – Glas, Papier und Son-
dermüll selbstverständlich, möglichst aber auch
den kompostierbaren Müll extra!**

## 6. Übungsabschnitt
# Wirkungsvoll reden

Nachdem am Anfang unseres Leitfadens einmal der erhobene Zeigefinger gezeigt und vor der »blendenden Rhetorik« gewarnt wurde, mögen manche jetzt die Stirn runzeln und denken: »Aha, nun kommen sie ja doch noch, die rhetorischen Mätzchen. ›Wirkungsvoll reden‹ – die Wirkung soll doch von der Sache, von den Argumenten ausgehen und nicht durch irgendwelche Tricks erreicht werden.«

Das ist auch richtig. Aber betrachten wir die Sache einmal andersherum: Wer leiernd einen vorgefertigten Text abliest, wer ohne Betonung und ohne Pausen spricht, wer Überzeugung nicht zeigen kann, wer nicht alle Möglichkeiten nutzt, sich verständlich zu machen, schadet der Wirksamkeit seiner Argumente. Da mögen meine Ausführungen rein sachlich noch so klar und brillant sein, kommen sie bei den Zuhörenden nicht an, erreichen sie sie nicht, dann bleiben sie eben wirkungslos! Das beste Argument kann untergehen, wenn ich es nicht mit dem notwendigen Nachdruck vorbringe. Der zündend formulierte Appell verpufft, wenn ich nicht durch meine Stimme, durch mein ganzes Auftreten zeige, dass ich selber hinter dem stehe, was ich sage und dass es auch für mich persönlich etwas bedeutet, ob ich mich verständlich mache und durchsetze oder nicht.

Mit den wichtigsten Voraussetzungen für diese Art wirkungsvollen Redens haben wir uns in den ersten Übungsabschnitten schon beschäftigt:

– logischer Aufbau,
– schrittweises Heranführen an das Redeziel,
– klare Formulierung meines Anliegens,
– Möglichkeit und Notwendigkeit aufzeigen, selber aktiv zu werden,
– und das alles nach Stichworten frei vorgetragen.

Damit kommen wir auch schon recht weit. Aber es müssen doch noch andere Punkte hinzu kommen, die die Verständlichkeit, die Eindringlichkeit und die Wirkung einer Rede weiter erhöhen können.

Zunächst müssen wir uns klar machen, dass eine Rede nicht einseitig nur die eigene Angelegenheit ist. Ich will das Publikum erreichen, die Menschen betroffen machen, sie bewegen. Das aber kann ich nur, wenn ich *mit* den Menschen rede, wenn ich sie direkt anspreche.

Dazu gehört vor allem Kontakt, *Blickkontakt.* Nur wenn ich während meiner Rede die Zuhörenden direkt anschaue (und nicht nur, wie Tucholsky sagte, alle paar Minuten misstrauisch hochgucke), gebe ich ihnen das Gefühl, persönlich gemeint zu sein.

Zugegeben, das ist schon rein technisch keine ganz einfache Sache. Es ist unter anderem auch eine Frage des gekonnten Umgangs mit den Stichworten – dazu gibt es später eine Extra-Übung.

Es ist aber auch eine Nervensache; man muss es aushalten können, den zuhörenden Menschen direkt in die Augen zu blicken. Und je größer der Kreis ist, vor dem ich reden will, um so schwieriger wird das.

Hierzu eine kleine Hilfestellung: In jedem Publikum gibt es Menschen, die mir mehr oder weniger sympathisch sind. Und ich muss ja nicht unbedingt die angucken, die immer so skeptisch lächeln oder mich finster anschauen, ich kann mir ja auch die Leute heraussuchen, zu denen ich leicht einen (Blick-)Kontakt finde, um die dann immer mal wieder abwechselnd (!) anzusehen. Peinlich wird es nur, wenn ich immer dieselbe Person anschaue oder immer in die gleiche Richtung starre. Der arme Mensch, den ich dann (scheinbar) so erbarmungslos ins Visier nehme, wird wahrscheinlich auf seinem Stuhl immer kleiner und kleiner werden und fühlt sich an allem schuldig und für alles verantwortlich, was ich in meiner Rede vorbringe.

Natürlich kommt es darauf an, dass *alle* im Raum das Gefühl haben, von mir direkt angesprochen zu werden. Ich muss meinen

Blick also (langsam!) umher wandern lassen – auch das ist nur eine Übungssache.

Besonders wichtig für das Verstandenwerden ist aber auch eine lockere, natürliche *Gestik*. Das Hervorheben, Beschreiben, Unterstreichen von Worten durch Körper- und Handbewegungen ist keine überflüssige Schauspielerei. Wer sich einmal selbst beobachtet, stellt das sehr schnell fest: Immer wenn man sich beim Sprechen ganz entspannt und locker fühlt, beim Gespräch am Arbeitsplatz, in der Familie, in der Gruppe oder auch am Kneipentisch, spricht man auch mit den Händen. Nur wenn man aufgeregt, angespannt und verkrampft ist, klammert man sich irgendwo fest, versteckt seine Hände oder spielt mit irgendwelchen Gegenständen herum.

Eigentlich möchten wir also alle »von Natur aus« gestikulieren, wir möchten beim Reden auch mit den Händen, sogar mit dem ganzen Körper arbeiten. Wir sind aber zu verkrampft, zu ängstlich oder unterdrücken die Gestik sogar absichtlich und lenken sie dadurch dann ab in irgendwelche anderen Bewegungen: Wir kneten unsere Hände, versuchen vom Rednerpult ein Stück abzubrechen, machen Eselsohren in unsere Aufzeichnungen oder schichten die Blätter ständig neu um, wir knacken mit den Fingergelenken oder knipsen ausdauernd mit dem Kugelschreiber – alles verschenkte, fehlgeleitete (Rede-)Energie.

Am besten kann man sich das tatsächlich so vorstellen, dass man bei jeder Rede eine bestimmte Menge von Energie gebraucht und verbraucht. Ein Teil dieser Energie fließt normalerweise in die Gestik. Lasse ich Gestik nicht zu, unterdrücke ich also meine natürlichen Handbewegungen, dann sucht sich diese Energie einen anderen Ausweg. Sehr oft – und dann wird es besonders problematisch – geht diese Energie direkt in mein Sprechen ein: Ich spreche dann zu schnell oder gleichbleibend zu laut.

Gestik hilft also auch, langsamer und betonter zu sprechen; sie führt dazu, dass ich insgesamt entspannter bin (man kann nicht gleichzeitig seine Hände und Arme bewegen *und* verkrampft sein).

Gestik soll aber auf keinen Fall – womöglich vor dem Spiegel – eingeübt werden. Es geht nicht etwa darum, an einer bestimmten Stelle eine besonders »dramatische« Handbewegung zu machen. Es genügt, dass wir alles unterlassen, was unsere Gestik behindert. Wir sollen uns weder irgendwo festhalten, noch sollen wir unsere Hände hinter dem Rücken verstecken, die Arme auf der Brust verschränken oder – wenn wir im Sitzen sprechen – uns vielleicht gar auf die Hände setzen.

Merken wir uns: Wenn ich meine Arme und Hände bewusst frei und unverkrampft halte, dann entsteht eine lockere und natürliche Gestik ganz von allein, ohne dass ich mich darauf konzentrieren müsste.

## Übung 8:
## Im Eisenbahnabteil

| | |
|---|---|
| Ziel der Übung: | Ausdrucksmöglichkeiten der Stimme austesten. |
| | Die Scheu überwinden, durch die Stimme auch Gefühle offenzulegen. |
| | Diese Übung kann nur zu zweit durchgeführt werden (arbeitet man normalerweise allein, sucht man sich nur für diese Übung jemanden zum Mittun). |
| Ablauf der Übung: | Man muss sich folgende Situation vorstellen: |
| | Ich fahre mit dem Zug und habe dort einen Fensterplatz ergattert. Nachdem ich kurz einmal im Speisewagen war, finde ich diesen Platz bei meiner Rückkehr in das Abteil besetzt, obwohl ich meinen Mantel extra dort hingehängt hatte. |
| | Jetzt werden die Rollen verteilt. Rolle 1: Die Person, die aus dem Speisewagen zurückkommt und um jeden Preis den angestammten Platz zurückerobern will. Rolle 2: Die Person, die sicher und behäbig auf dem Platz sitzt und auf keinen Fall aufstehen will. |
| | Die Person, die aus dem Speisewagen zurückkommt, stellt sich vor die andere hin und sagt sinngemäß: |
| | *»Entschuldigen Sie, aber das ist mein Platz. Sie müssen doch gesehen haben, dass da mein Mantel hängt. Seien bitte Sie so freundlich, und lassen Sie mich dort wieder sitzen!«* |

Die sitzende Person antwortet:

*»Nein! Jetzt sitze ich hier. Sie können sich ja einen anderen Platz suchen!«*

Daraufhin sagt Person 1, schon etwas lauter und energischer:

*»Stehen Sie auf, und lassen Sie mich dort sitzen!«*

Person 2 erwidert:

*»Nein, ich bleibe hier sitzen!«*

Dieses Hin und Her wird jetzt mehrfach wiederholt, wobei beide Personen von Mal zu Mal immer lauter und nachdrücklicher sprechen, bis sie sich schließlich gegenseitig richtig anbrüllen!

Dabei soll *nicht* argumentiert werden (z.B.: *»Lassen Sie mich doch bitte sitzen, Sie sehen doch, dass ich hochschwanger bin!«*). Es soll immer das Gleiche gesagt werden *(»Stehen Sie auf, und lassen Sie mich sitzen!«* – *»Nein, ich bleibe hier sitzen!«*), die Steigerung liegt nur in der Lautstärke, mit der diese Sätze wiederholt werden!

Dann folgt das gleiche noch einmal mit vertauschten Rollen.

## Anmerkungen zu Übung 8

Wenn man diese Übung einige Male wiederholt, kann man damit auch gerne etwas experimentieren. Zum Beispiel kann man versuchen, statt durch Lautstärke, durch verschiedene Betonungen steigende Wirkung zu erzielen – bewusst leise, aber mit großen Nachdruck, bittend oder schmeichelnd.

Immer aber kommt es darauf an, dass man in normalem Tonfall beginnt und sich steigert, soweit das irgend möglich ist. Es geht vor allem darum, persönliche Hemmschwellen herauszufinden *und* zu überschreiten!

Auch der Rollentausch ist durchaus hilfreich, denn es macht einen großen Unterschied aus, ob man steht und sein Recht einfordert, oder ob man sitzt und sich nicht bewegen will. Interessanterweise sind die Reaktionen und Gefühle auch ganz unterschiedlich – dem einen fällt es leichter »von oben herab« zu brüllen, die andere fühlt sich wohler und sicherer im Sitzen.

Übung 9:
## Die Stimme als Handwerkszeug

| | |
|---|---|
| Ziel der Übung: | Wie bei Übung 8. |
| Unterlagen: | Beispielsätze auf Seite 86. |
| Ablauf der Übung: | Jeweils einen der Beispielsätze ins Gedächtnis einprägen; dabei kommt es nicht auf den genauen Wortlaut, sondern nur auf den Sinn an. |

Den Beispielsatz jetzt aus dem Gedächtnis laut wiederholen.

Dabei versuchen, jedes Mal einen anderen Ausdruck in die Stimme zu legen:

- laut und leidenschaftlich;
- leise aber sehr nachdrücklich (mit starker Körperanspannung und viel Krafteinsatz);
- mehr locker und nebenbei.

Diese Sprechübung muss oft wiederholt werden, weil man anfangs viel Zeit braucht, um sich erst einmal locker zu reden. Auch hier sollen Hemmungen – zum Beispiel richtig laut zu reden – überwunden werden!

Tonband- oder Kassettenrekorder-Kontrolle, um festzustellen, was am besten wirkt und ob man vielleicht auch übertrieben hat.

Fortsetzen mit dem nächsten Beispielsatz.

Auch wenn man grundsätzlich zu zweit oder in einer Gruppe arbeitet, sollte man diese Übung erst einmal allein für sich machen; das hilft, Hemmschwellen zu überwinden.

83

Übung 10:
## Mit den Händen reden

| | |
|---|---|
| Ziel der Übung: | Erleben, dass Gestik sehr nützlich ist, um etwas zusätzlich zu beschreiben und deutlich zu machen. |
| Unterlagen: | Beispielsätze auf Seite 86. |
| Ablauf der Übung: | Das Blatt mit den Beispielsätzen vor sich auf den Tisch legen und sich den ersten Satz einprägen. |
| | Darauf achten, dass die Hände ganz frei sind: Die Ellenbogen nicht auf den Tisch stützen; die Hände »schweben« vor dem Oberkörper; keine Faust ballen, die Hände offen halten. |
| | Jetzt den ersten Beispielsatz mit Nachdruck und Betonung (!) aussprechen und versuchen, das, was ausgesagt werden soll, durch entsprechende Handbewegungen zu unterstreichen. |
| | Dabei aber nicht mehr auf das Papier, sondern geradeaus (am besten aus dem Fenster) sehen. |
| | Mehrfach wiederholen, verschiedene Gesten ausprobieren, dann den nächsten Beispielsatz vornehmen. |

Übung 11:
**Wirkungsvoll reden**

| | |
|---|---|
| Ziel der Übung: | Versuch, das in den Übungen 8 bis 10 Trainierte an einem zusammenhängenden Redebeitrag auszuprobieren. |
| Unterlagen: | Notizen zu früheren Redebeiträgen. |
| Ablauf der Übung: | Notizen zum Redebeitrag durchlesen. |
| | Notizen vor sich auf den Tisch legen – Hände frei halten (wie bei Übung 10). |
| | Die ersten Stichworte ansehen, aufnehmen, dann hochsehen – möglichst aus dem Fenster – und frei formulieren (nicht nur in Gedanken, sondern richtig laut sprechen). |
| | Ist der erste Gedanke beendet, wieder auf den Stichwortzettel sehen, die nächsten Stichworte erfassen, wieder hochsehen, frei formulieren usw. |
| | Auf den Wechsel von Erfassen der Stichworte und freiem Formulieren achten. |
| | Dieser Wechsel ermöglicht es, sowohl den Überblick über die Stichworte zu behalten, wie auch den Blickkontakt zu den Zuhörern aufzunehmen. |
| | Natürlich besonders wichtig: Die Hände nicht daran hindern, Gestik zu machen, und wichtige Aussagen und vor allem den Zwecksatz entsprechend betonen. |
| | Tonband- oder Kassettenrekorder-Kontrolle. Diese Übung sollte wiederholt werden. |

**Beispielsätze zur Übung 9:**

*Jeder von uns kennt dieses Problem, aber niemand hat den Mut, es auch anzupacken!*

*Genau an diesem Punkt müssen wir ansetzen, wenn wir etwas erreichen wollen!*

*Ich meine, es ist eine große Ungerechtigkeit, dass immer dieselben diese Suppe auslöffeln müssen!*

**Beispielsätze zur Übung 10:**

*Nur wenn wir uns alle einig sind, werden wir uns durchsetzen!*

*Zusammenhalten und kämpfen, das ist das einzige, was wir jetzt noch tun können!*

*Wir wollen uns doch ganz klarmachen, dass die eigentlich Verantwortlichen dort zu suchen sind!*

## Exkurs:
## »Meine sehr verehrten Damen und Herren ...«

Ja, ja. So fängt es immer an. Und auch dazu hat Kurt Tucholsky in seinen »Ratschlägen für einen schlechten Redner« etwas gesagt:

> *»Fang nie mit dem Anfang an, sondern immer drei Meilen vor dem Anfang! Etwa so:*
> *›Meine Damen und meine Herren! Bevor ich zum Thema des heutigen Abends komme, lassen Sie mich Ihnen kurz ...‹*
> *Hier hast du schon so ziemlich alles, was einen schönen Anfang ausmacht: eine steife Anrede; der Anfang vor dem Anfang; die Ankündigung, daß und was du zu sprechen beabsichtigst, und das Wörtchen kurz. So gewinnst du im Nu die Herzen und die Ohren der Zuhörer.«*

Dass wir nicht vor dem Anfang anfangen sollen, sondern mit einem »spannenden«, situationsbezogenen Einstieg, ist klar – aber die Anrede! Die bereitet doch manchmal noch Kopfzerbrechen.
Prinzip: so einfach wie möglich! Im Zweifel ist also »Meine Damen und Herren!« und im gewerkschaftlich-betrieblichen Bereich »Liebe Kolleginnen und Kollegen!« eine einfache, schmucklose aber ausreichende Anrede. Besser jedenfalls als eine endlose Namensaufzählung oder eine verkrampft witzige Anrede. Frauen drehen das einfach um: »Meine Herren und Damen!« oder »Liebe Kollegen und Kolleginnen!«
Spreche ich vor einem sehr kleinen Kreis, dann kann es natürlich sein, dass die in der Standardanrede enthaltene Mehrzahl gar nicht da ist – es sind beispielsweise nicht mehrere »liebe Kolleginnen« da, sondern nur eine. Dann ist diese Anrede üblich: »Liebe Anneliese, liebe Kollegen!«
Was man auf keinen Fall machen sollte: »Verehrte Anwesende!« – etwas persönlicher darf es doch sein. Schlecht und unnötig auch:

»Ich freue mich, dass Sie so zahlreich erschienen sind!« und ähnlich nichtssagende Floskeln.

Das Begrüßen von Gästen, Ehrengästen und so weiter ist ohnehin nicht Aufgabe derjenigen, die irgendwann im Verlauf einer Veranstaltung das Wort ergreifen, sondern das macht (wenn überhaupt) einmal und für alle, derjenige, der die Veranstaltungsleitung hat.

Beispiel Betriebsversammlung: Mit »Liebe Kolleginnen und Kollegen, meine Damen und Herren!« macht man nichts verkehrt. Da kann man sich doch jedenfalls aussuchen, ob man »Kollegin« oder lieber »Dame« sein möchte – niemand wird gekränkt sein. Und die Begrüßung von Gästen? Soll die »sehr geehrte Geschäftsleitung« gleich mit begrüßt werden? Besser ist ein Aus- oder Umweg. Erst kommt die allgemeine Begrüßung und dann – extra – die Begrüßung der Gäste, z.B. so: »Liebe Kollegen und Kolleginnen, meine Herren und Damen. Die vierte Betriebsversammlung in diesem Jahr ist eröffnet. Wir haben auch bei dieser Betriebsversammlung wieder Gäste. Für die Geschäftsleitung sind gekommen …(Namen und Funktionen)… und auch die Kollegin …(Name)… von …(Gewerkschaft)… wird uns wieder zur Seite stehen.« Da kann sich niemand beschweren und man hat eine zu verschachtelte Anrede (und das schreckliche »sehr geehrte …«) vermieden.

Wenn es denn mal sein muss und wenn es unbedingt und partout ganz korrekt und formvollendet zugehen soll bei der Begrüßung, dann kann man sich an folgenden Faustregeln orientieren:

– Zuerst wird das Publikum, der große Kreis angesprochen, denn um die geht es ja in erster Linie, sie sind die Hauptpersonen (also auf einer Gewerkschaftstagung erst die Kolleginnen und Kollegen begrüßen).

– Danach folgen dann die (Ehren-)Gäste in der Reihenfolge der üblichen Hackordnung (Konzern, Unternehmen, Betrieb, Abteilung … Bund, Land, Kreis, Gemeinde …).

Gibt es auf der gleichen Hierarchiestufe mehrere Gäste, dann gelten folgende Regeln:

- gewählte politische »Würdenträger(innen)« vor Angestellten oder Beamten (z. B. die Stadtverordnete vor dem Arbeitsamtsleiter);
- kirchliche Abgesandte vor »weltlichen« (z. B. der Pastor vor der DGB-Kreisvorsitzenden);
- erworbene Titel vor verliehenen Titeln (also der Dr. vor dem Dr. h.c.).

Aber noch einmal: Die Anrede sollte so schlicht wie möglich gehalten werden. Je mehr Gedanken man sich über den guten Ton und das »Protokoll« macht, um so eher wird man in ein Fettnäpfchen treten. Habe ich nur die »Damen und Herren« begrüßt, kann sich ja eigentlich niemand wirklich gekränkt fühlen. Habe ich aber einige »Ehrengäste« hervorgehoben, dann kann man darauf wetten, dass es eine ganze Reihe von Leuten im Saale gibt, die tödlich beleidigt sind, weil *sie* nicht extra begrüßt wurden.

7. Übungsabschnitt
# Vorbereitung auf die größere Rede

In den ersten Übungsabschnitten ging es uns vor allem um das Üben von Kurz-Reden. Kurz im doppelten Sinn: kurz die Vorbereitungszeit und kurz auch die Dauer des Redebeitrages selber.

Wenn wir uns jetzt mit der »größeren« Rede beschäftigen, so ist damit gemeint, entweder die ausführlichere Behandlung eines Themas oder auch der besonders wichtige, entscheidende Redebeitrag, auf den wir uns überdurchschnittlich sorgfältig vorbereiten wollen. Über die zeitliche Dauer der größeren Rede ist mit dem Wort »größer« also gar nichts ausgesagt. Auch ein Redebeitrag von nur zwei oder drei Minuten Dauer muss unter Umständen intensiv und mit einigem Zeitaufwand vorbereitet werden, wenn von seinem Gelingen viel für uns abhängt.

Jede zeitlich darüber hinaus gehende Rede bedarf ohnehin einer sorgfältigen Vorbereitung, so wie sie hier beschrieben werden soll. Denn bei jeder Rede, die über zwei, drei Minuten hinaus geht, genügen ein paar schnell hingeworfene Stichwort nicht mehr (besonders dann nicht, wenn die Redeangst hinzu kommt). Entsprechend sorgfältig müssen Gedanken, Informationen und Argumente ausgewählt, sortiert und in Stichworte umgesetzt werden, um jedenfalls von der Vorbereitung her jedes Risiko auszuschalten.

Natürlich können wir dabei auf vielem, was in den bisherigen Übungsabschnitten erläutert und trainiert wurde, aufbauen.

Vor allem die Hinweise zum wirkungsvollen Reden aus dem 6. Übungsabschnitt (ab Seite 76) gelten ganz besonders auch für die längere Rede.

Dieser ebenso wie der nächste (letzte) Übungsabschnitt gehen davon aus, dass auch die größeren Reden über Themen gehalten werden, bei denen man sich inhaltlich einigermaßen auskennt. »Auftragsreden« über ein Thema, in das man sich erst völlig neu einarbeiten muss (etwa durch das Lesen von Fachliteratur), sind in den alltäglichen Situationen, für die dieser Leitfaden gemacht wurde, die so seltene Ausnahme, dass wir sie hier getrost außer Acht lassen können.

Jetzt aber zum Verfahren: Die meisten Menschen gehen an die Vorbereitung einer Rede heran, indem sie das, was sie sagen wollen (was ihnen dazu einfällt), zuerst in der Art eines Aufsatzes niederschreiben.

Wenn ich das so mache, dann enge ich mich damit allerdings sehr stark ein: Ich lege mich auf ganz bestimmte Formulierungen fest und ich bin darauf angewiesen, dass mir bei der Vorbereitung der einzelnen Redeteile an der richtigen Stelle auch immer das Richtige einfällt (was meist nicht der Fall ist). Kommt mir, wie das eigentlich immer ist, etwas später noch ein guter Gedanke zu einem Teil, den ich bereits fertig geschrieben habe, dann muss ich diesen nachträglich einfügen. Das bedeutet oft auch, dass sich andere Teile noch ändern müssen. So muss ich mein Konzept mehrfach um- und teilweise auch neu schreiben, oder (was häufiger passiert) ich scheue diesen Aufwand, lasse es bleiben und nehme mit der schlechteren Lösung vorlieb.

Hier wird stattdessen ein Vorbereitungsverfahren vorgeschlagen, das auf den ersten Blick sehr aufwendig und kompliziert aussieht. Das scheint aber nur so. Denn wegen seiner Beweglichkeit bedeutet dieses Verfahren im Endeffekt tatsächlich eine Arbeitsersparnis, auf jeden Fall aber eine optimale Vorbereitung und damit eine große Sicherheit!

Die entscheidende Grundidee ist, sich nicht zu früh auf eine bestimmte Reihenfolge der einzelnen Gedanken festzulegen. Es geht zunächst darum alles zusammenzutragen, was man zu dem Thema der Rede bereits im Kopf hat; und das ist viel mehr, als man es sich auf Anhieb zutrauen würde.

Das vorgeschlagene Verfahren nennt man mit dem Fachausdruck »Brainstorming« (auf deutsch: »Gehirn-Sturm«). Und so kann man sich das auch ganz plastisch vorstellen: Ich lasse einen frischen Wind durch meinen Kopf wehen, der alles, was zu dem Thema dort (hoffentlich) drinsteckt, heraus weht. Dabei kommt es zunächst überhaupt nicht darauf an, eine bestimmte Ordnung einzuhalten – alles, was mir spontan einfällt, wird unsortiert erst einmal aufgeschrieben.

Um diese einzelnen Einfälle so beweglich wie möglich zu halten, notiere ich sie aber nicht auf einem (oder mehreren) großen Stück Papier, sondern fertige mir einen Stapel kleiner Zettel an (je nach Umfang des Themas 20, 30 oder mehr).

Für diese Zettel-Produktion falte ich normale Briefbogen (DIN A 4) einmal in der Mitte, teile sie mit einem scharfen Messer, falte die so entstandenen Zettel noch einmal, schneide sie auf und halbiere sie dann auf gleiche Weise ein drittes Mal, so dass ich Zettel der Größe 10,5 × 7,5 cm erhalte.

Ich schreibe jetzt auf diese Zettel – in Stichworten! – alles auf, was mir zu meinem Thema einfällt und zwar immer nur einen Gedanken auf einen Zettel.

Habe ich alles notiert, werden diese Gedankenzettel sortiert, denn meine Einfälle kommen mir ja nicht in einer bestimmten, logischen Reihenfolge, sondern ungeordnet.

Bei diesem Sortieren dann gehe ich natürlich von unserem 5-Schritt-Aufbau aus. Und ich halte mich wieder genau an die Reihenfolge der Planungsschritte:

– Zunächst lege ich also alle die Gedankenzettel in einer Reihe untereinander auf einen Tisch, die für den Zwecksatz brauchbare Stichworte enthalten.

– Dann suche ich alle Gedankenzettel mit Stichworten zur Situationsbeschreibung und lege sie untereinander.

– Daneben kommt dann die Zettelreihe für die Zielbeschreibung …

– und anschließend die für die Vorschläge möglicher Maßnahmen.

So wird das Ganze dann etwa aussehen, wenn es vor uns auf dem Tisch liegt:

| **Einstieg** | Situations-beschreibung | Ziel-beschreibung | Maßnahmen-vorschläge | Zwecksatz |
|---|---|---|---|---|
| | ☐ | ☐ | ☐ | ☐ |
| | ☐ | ☐ | ☐ | ☐ |
| | ☐ | ☐ | ☐ | ☐ |
| | ☐ | | ☐ | ☐ |
| | ☐ | | ☐ | |

*In Wirklichkeit werden es möglicherweise mehr Zettel sein, die man vor sich liegen hat, hier geht es nur ums Prinzip!*

| | ☐ |
| | ☐ |

Sehr selten werden mir bei diesem ersten Zusammentragen spontaner Einfälle schon Ideen gekommen sein, die für einen situationsbezogenen Einstieg geeignet sind. Aber der Einstieg kann vorläufig auch noch unberücksichtigt bleiben. Dazu mache ich mir am Ende einige gezielte Gedanken.

Vorher geht es mit den anderen vier Teilen meiner 5-Schritt-Rede weiter: Ich lege fest, welche Reihenfolge der Gedankenzettel die sinnvollste ist. Dafür gehe ich Reihe für Reihe durch und lege die Zettel entsprechend hin. Dabei hat sich der Grundsatz bewährt, die Gedanken, von denen ich annehme, dass sie meinen Zuhörern schon einigermaßen bekannt sind, zunächst abzuhandeln und dann erst die neueren Argumente oder Ideen zu bringen.

Bis hierher habe ich nur mit den Stichworten gearbeitet, die mir spontan eingefallen sind. Dabei wird es mit Sicherheit passieren, dass ich zu einem Punkt (meist: Situationsbeschreibung) sehr viele Zettel habe, zu anderen Punkten (meist: Zielbeschreibung und Zwecksatz) deutlich weniger oder auch gar keine. Jetzt muss ich also gezielt nach weiteren Gedanken suchen und auch dafür Gedankenzettel anlegen. Vielleicht wird es auch nötig sein, in einer Fachzeitschrift, in Büchern oder anderem Informationsmaterial nachzusehen, ob ich dort noch Verwertbares finde. Alles aber muss auf Gedankenzetteln festgehalten und in der entsprechenden Reihe einsortiert werden.

Der Vorteil dieser Methode ist jetzt sicher klar geworden: Ich kann nun immer wieder die einzelnen Gedanken umstellen. Ich kann unbegrenzt oft ausprobieren, welche Reihenfolge die günstigste ist und ich kann jederzeit und problemlos Ergänzungen vornehmen.

Habe ich mich auf diese Art langsam an die vollständige Zusammenstellung aller wichtigen Punkte meiner Rede heran gearbeitet, kann ich jetzt meinen ersten Sprechdenkversuch machen. Ich probiere also aus, ob ich es schon schaffe, an Hand der Gedankenzettel eine Rede einigermaßen zusammenhängend zu formulieren. Bei diesem Sprechdenkversuch halte ich mich genau an das in der Übung 11 auf Seite 85 beschriebene Verfahren.

Dennoch werde ich mit Sicherheit feststellen, dass ich an verschiedenen Stellen ins Stocken komme, dass ich, um einen Übergang von einem zu dem nächsten Gedanken flüssig zu schaffen, noch zusätzliche Stichworte brauche. Manchmal merke ich bei diesem Sprechdenkversuch auch, dass die ursprünglich festgelegte Reihenfolge doch noch nicht die optimale ist.

Ich werde dann also weitere Gedankenzettel mit Stichworten einfügen und vielleicht auch die Reihenfolge der Gedankenzettel noch einmal verändern müssen. Dieses ständig mit relativ wenig

Arbeitsaufwand tun zu können, ist ja der Vorteil dieser zunächst so aufwendig erscheinenden Methode!

Ganz am Schluss dann mache ich mir Gedanken, welchen situationsbezogenen Einstieg ich bringen will und schreibe mir auch dafür Stichworte auf.

Endlich. Jetzt habe ich alle wichtigen Bestandteile meiner Rede in der richtigen Reihenfolge beisammen und muss als letzten Schritt »nur« noch das eigentliche Stichwortkonzept erstellen – ich kann schließlich nicht mit einem Haufen loser Zettel auftreten. Damit aber beschäftigt sich der nächste Übungsabschnitt.

Eine Anmerkung noch zum Schluss:
Die enormen Vorteile dieser Vorgehensweise stellen sich erst bei der praktischen Anwendung heraus. Man sollte sich also nicht durch das anscheinend so komplizierte Verfahren abschrecken lassen. Hier gilt ganz besonders, dass Probieren über Studieren geht.

Wendet man dieses Verfahren erstmals übungshalber oder auch für den Ernstfall an, fährt man am besten, wenn man dabei die folgende Auflistung der einzelnen Arbeitsschritte und das Schema der 5-Schritt-Rede vor sich liegen hat und ganz genau jeden einzelnen Arbeitsschritt nacheinander vollzieht und abhakt.

Die ersten Schritte zur Vorbereitung eines längeren Redebeitrages, wie sie bis hierher beschrieben worden sind, sollen jetzt an Hand eines selbst gewählten Themas ausprobiert werden (das ist der erste Teil der Übung 12 auf Seite 104).

Man sollte auf jeden Fall ein möglichst praktisches, handfestes Thema wählen – ein eher alltägliches Problem also und kein politisches Überflieger-Thema. Man kann auch auf ein Thema zurück greifen, das in den bisherigen Übungsabschnitten schon einmal bearbeitet wurde. Dieses müsste dann nur entsprechend breiter und ausführlicher angelegt werden.

Übersicht
**Das 5-Schritt-Modell**

---

Situations-
bezogener
Einstieg

> Ich sage, was mein
> Thema mit den
> Zuhörenden persönlich
> zu tun hat!

Warum
rede ich?

---

Begründung

> Ich beschreibe, wie
> eine Situation aussieht;
> evtl. auch, wie es dazu
> kommen konnte!

Wie ist die
Situation?

> Ich beschreibe, was ich
> erreicht sehen will – wie
> eine veränderte,
> verbesserte Situation
> aussehen soll!

Was soll
erreicht
werden?

> Ich sage, mit welchen
> Maßnahmen meiner
> Meinung nach dieses
> Ziel zu erreichen wäre.

Wie kann
das erreicht
werden?

---

Zwecksatz

> Ich sage, was die
> Zuhörenden persönlich
> tun können, damit das
> angestrebte Ziel
> wirklich erreicht wird!

Das will ich
von euch!

## Arbeitsschritte zur Vorbereitung einer längeren Rede

1. Schritt  Brainstorming – alles, was zum Thema gehören könnte, auf kleine Zettel schreiben (jeweils nur einen Gedanken auf einen Zettel).

2. Schritt  Diese Zettel dem 5-Schritt-Aufbau entsprechend sortieren – alle Gedanken, die zum Zwecksatz gehören, untereinander legen, alle die zur Situationsbeschreibung gehören untereinander und so weiter …

3. Schritt  Bei jedem Gliederungspunkt, bei jeder Zettelreihe also, überlegen, in welcher Reihenfolge die notierten Gedanken am besten vorgetragen werden könnten – die Zettel entsprechend hinlegen.

4. Schritt  Überlegen, zu welchem Teil der 5-Schritt-Rede noch Ergänzungen notwendig sind; vielleicht aus Zeitschriften oder anderem Material zusätzliche Informationen sammeln – neue Gedankenzettel anlegen und einsortieren .

5. Schritt  Erster Sprechdenkversuch: Ist es schon zu schaffen, aus den bisher zusammengestellten Gedankenzetteln eine Rede zu formulieren?
Auch auf die Zeit achten, wenn notwendig: kürzen!

6. Schritt  Immer, wenn man ins Stocken kommt, einen zusätzlichen Zettel mit dem fehlenden Stichwort schreiben und einsortieren.

Der 5. und 6. Schritt müssen so oft wiederholt werden, bis man das Gefühl hat, an Hand der Gedankenzettel eine flüssige, zusammenhängende Rede formulieren zu können!

8. Übungsabschnitt
# Das Stichwortkonzept

Beim Übertragen der Stichworte von den Gedankenzetteln auf das eigentliche Stichwortkonzept ist zweierlei zu berücksichtigen – einmal die Frage, wie viele Stichworte überhaupt gebraucht werden, und zum anderen, wie diese Stichworte so angeordnet werden können, dass man auf keinen Fall den Überblick verliert.

Für die erste Frage kommt es darauf an, für mich selbst heraus zu finden, wie viele Hilfen ich brauche, um sicher zu gehen, dass mir alles das, was ich sagen wollte, auch tatsächlich wieder einfällt, und dass ich andererseits so sparsam mit Stichworten bin, dass freies Sprechen noch möglich ist.

Dafür gibt es leider kein Patentrezept. Die eine braucht nur sehr wenige einzelne Worte, der andere benötigt Satzanfänge oder Satzteile. Deshalb sollte man es zunächst mit relativ wenigen Stichworten versuchen und diese dann im Zuge wiederholter Sprechdenkversuche ergänzen, bis ein flüssiger aber doch freier Vortrag erreicht ist.

Der Bedarf an Stichworten kann sogar innerhalb eines (längeren) Redebeitrags durchaus unterschiedlich ausfallen. Für Aussagen, die mir sehr geläufig sind, weil ich täglich mit ihnen umgehe, genügt mir vielleicht ein einziges Wort. Gedanken und Informationen, die auch für mich noch verhältnismäßig neu und ungewohnt sind, brauchen viel mehr auslösende Stichworte, um in die Erinnerung zurück zu kommen.

Ob ich aber mehr oder weniger Stichworte benötige, hat auf keinen Fall etwas mit der Qualität meiner Rede zu tun. Nur weil ich vielleicht weniger Stichworte brauche als andere, rede ich nicht besser und nicht schlechter als sie!

Hüten wir uns also vor dem falschen Ehrgeiz, mit so wenig Stichworten wie möglich auskommen zu wollen!

Wichtig ist auch, dass man sich nicht in bestimmte Formulierungen verliebt (dann könnte oder müsste man sogar die Rede ablesen oder auswendig lernen). Man sollte also gar nicht erst versuchen, bei jedem Sprechdenkversuch gleiche Formulierungen wiederzufinden. Wichtig ist der Sinn und die lockere, verständliche Sprache, nicht der genaue Wortlaut. Eine Ausnahme kann hier der Zwecksatz sein – bei einem zündenden Appell beispielsweise kann es durchaus auch auf die exakte Formulierung ankommen und außerdem leidet die Wirkung natürlich sehr, wenn ich ausgerechnet bei meinem letzten Satz ins Stottern komme. Versprecher, kurze »Hänger« während einer Rede sind überhaupt kein Problem, aber im Schlusssatz sind sie doch störend.

Also: Den Zwecksatz kann und sollte man sich ausnahmsweise (!) wörtlich aufschreiben und auch einige Male üben.

Für die zweite Frage, die Übersichtlichkeit der Stichwortanordnung, können verbindlichere Hilfen formuliert werden.

Zunächst müssen wir uns klar machen, dass es unterschiedlich wichtige Stichworte gibt – also Haupt- und Nebenstichworte.

Die Hauptstichworte haben gewissermaßen die Aufgabe einer »Initialzündung«, sie sollen mich am Anfang eines neuen Gedankengangs erst einmal in Schwung bringen. Die Nebenstichworte wären dann der laufende »Treibstoff«, den ich brauche, um diesen Gedanken fortzuführen.

Diese unterschiedliche Aufgabe muss im Stichwortkonzept auch optisch deutlich gemacht werden: Das Konzept wird deshalb zweispaltig aufgebaut – in die linke Spalte kommen die Hauptstichworte, in die rechte die Nebenstichworte.

Hier ein Beispiel dazu, wie das aussehen kann und besonders, wie man festlegt, was Haupt- und was Nebenstichworte sind.

Nehmen wir an, ich will an irgendeiner Stelle meiner Rede auf die Aufgaben der gewerkschaftlichen Vertrauensleute zu sprechen kommen. Ich möchte meinem Publikum erklären, dass eine wichtige Aufgabe der Vertrauensleutearbeit darin liegt, eine Art Bindeglied zwischen Betriebsrat und Belegschaft, zwischen Gewerkschaftsverwaltung und Gewerkschaftsmitgliedern im Betrieb zu sein. Dazu gehört, dass die Vertrauensleute innerhalb der Gewerkschaft Informationen von »oben« nach »unten«, aber auch von »unten« nach »oben« weitergeben. Das soll mein erster abgeschlossener Gedanke zu diesem Thema sein.

Mein zweiter Gedanke ist jetzt, klar zu machen, dass sich in dieser »Briefträger«-Funktion die Aufgaben gewerkschaftlicher Vertrauensleute nicht erschöpfen können und dürfen. Sie sollen mehr sein. Sie sind die aktive Interessenvertretung der Gewerkschaftsmitglieder ihres Wirkungsbereiches, sie sollen Einfluss ausüben auf die Entscheidungen von Betriebsrat und Gewerkschaftsorganen. Sie sollen durch Diskussionen in der Belegschaft deren Meinung heraus finden und sich dafür einsetzen, dass sie bei Plänen und Entscheidungen auch berücksichtigt wird.

Setze ich diese beiden Gedanken nun in Haupt- und Nebenstichworte um, könnte das zum Beispiel so aussehen:

| *Aufgabe der* | *Bindeglied zwischen* |
|---|---|
| *Vertrauensleute* | *Betriebsrat – Belegschaft* |
| | *Informationen* |
| | *oben* → *unten, unten - oben* |
| *aktive* | *Einfluss auf Entscheidung* |
| *Interessen* | *Diskussion im Betrieb* |
| *Vertretung* | |
| | *Meinung der Mitglieder* |
| | *einbringen* |

Hier habe ich das gemacht, was man ganz automatisch tut: Der jeweils inhaltlich wichtigste Begriff aus einem Gedankengang ist als Hauptstichwort in die erste Spalte geschrieben worden. Das muss aber nicht unbedingt richtig oder in jedem Fall vorteilhaft sein. Vollziehen wir das mal nach:

Ich bin mit meinem ersten Gedanken ans Ende gekommen, sage

also etwa: »Die Vertrauensleute geben deshalb Informationen weiter, von oben nach unten, aber auch von unten nach oben!«
Jetzt ist der zweite Gedanke dran. Hauptstichwort ist »aktive Interessenvertretung«. Mir ist schon klar, worauf ich damit hinaus wollte. Aber »aktive Interessenvertretung«? Wie fange ich den Satz jetzt am besten an. Ich überlege ... Das dauert mir schon viel zu lange ... Ich werde immer aufgeregter ...
Das Hauptstichwort hat seine Aufgabe, meinen nächsten Gedankengang »in Schwung« zu bringen, nicht erfüllt! Mein verbesserter Vorschlag sieht so aus:

| | |
|---|---|
| *Aufgabe der Vertrauensleute* | *Bindeglied zwischen Betriebsrat – Belegschaft* |
| | *Informationen oben - unten, unten - oben* |
| *Aber nicht nur das!* | *aktive Interessenvertretung* |
| | *Diskussion im Betrieb Meinung der Mitglieder einbringen* |

Wer an Hand dieser Stichworte jetzt noch einmal den Übergang vom ersten zum zweiten Gedanken nachvollzieht, stellt fest, dass durch diese scheinbar ganz unwichtigen Wörter »Aber nicht nur das!« (es könnte jetzt etwa weitergehen: »... Die Vertrauensleute müssen vor allem aktive ...«) viel leichter ein Einstieg in den zweiten Gedanken gefunden wird. Auf diese Übergänge muss man also bei der Auswahl der Hauptstichworte besonders viel Wert legen. Es gibt viele Begriffe, die die gleiche Funktion übernehmen können: »Aber«, »Trotzdem«, »Doch zunächst«, »Entscheidend aber ist« und so weiter. Das soll jetzt nicht etwa heißen, dass immer solche Füllworte die besten Hauptstichworte wären, aber man muss doch genau überprüfen, welche Stichworte den reibungslosesten Übergang ermöglichen – denn darum geht es in erster Linie. Hier noch einmal die wichtigsten Punkte für ein übersichtliches und handliches Stichwortkonzept in einer Übersicht:

- Zweispaltige Aufteilung in Haupt- und Nebenstichworte, weil dadurch das freistehende Hauptstichwort besser ins Auge fällt.
- Große Abstände zwischen den einzelnen Gedanken.
- So groß und deutlich schreiben, dass alles aus einem Meter Entfernung mühelos (!) gelesen werden kann.
- Das Format des Konzepts »nicht zu groß und nicht zu klein«; optimal: DIN A 5 (= halbe Briefbogengröße). Da die Stichworte zweispaltig angelegt werden – Querformat.
- Am besten sind Karteikarten DIN A 5 quer, sie haben die richtige Größe, sind liniert und lassen sich wegen des festeren Kartons leichter handhaben.
- Die Karten nur einseitig beschreiben, damit das lästige Umblättern (nachher weiß ich nicht: Hab' ich schon oder hab' ich noch nicht?) entfällt.
- Wenn am Pult geredet werden muss, können dann auch zwei aufeinander folgende Karten nebeneinander gelegt werden, um so leichter den Übergang von der einen Karte zur nächsten zu finden.
- Die Karten durchlaufend nummerieren.

Vielleicht erscheint das dem einen oder der anderen alles viel zu kleinkariert. Aber: Das Hauptproblem der Redeneulinge und die größte Furcht auch der erfahreneren »Profis« ist nun einmal das

Steckenbleiben, und das ist fast immer auf ungenügende Ausarbeitung des Stichwortkonzepts zurück zu führen:

Die Zettel mit den Stichworten sind zu unübersichtlich aufgebaut, enthalten falsche oder zu wenige Stichworte, die Schrift ist zu klein oder zu unleserlich. Und das Ärgerliche dabei ist, dass das alles Fehler sind, die man verhältnismäßig einfach vermeiden kann!

Jedenfalls: Habe ich alle diese Punkte beachtet, dann *kann* es mir einfach nicht mehr passieren, dass ich – selbst wenn ich sehr aufgeregt sollte – nachhaltig den Überblick und den Faden verliere.

Ist das Stichwortkonzept fertig und durch einen letzten Sprechdenkversuch überprüft, lege ich es zur Seite und lasse es auch liegen. Erst kurz vor der Rede lese ich es noch einmal durch, und dann geht es los!

Übung 12:
## Die größere Rede

| | |
|---|---|
| Ziel der Übung: | Probeweise Anwendung des im 6. und 7. Übungsabschnitt beschriebenen Verfahrens. |
| Unterlagen: | Übersichten auf den Seiten 96 und 97. |
| | Punkte zum Erstellen eines übersichtlichen und handlichen Stichwortkonzeptes auf Seite 102. |
| | Gedankenzettel und Karteikarten. |
| Ablauf der Übung: | Thema festlegen – es sollte ein Thema sein, in dem man sich wirklich gut auskennt und das man schon immer einmal bearbeiten wollte. Es sollte auch möglichst handfest sein, das heißt, aus dem eigenen Erfahrungsbereich stammen. |
| | Vorbereitung der Rede nach dem 5-Schritt-Aufbau unter genauer Beachtung aller Arbeitsschritte. |
| | Übertragen in ein Stichwortkonzept. Dabei besonders auf die Übergänge (Hauptstichworte) achten. |
| | Probe-Vortrag der Rede im Stehen hinter einem normalen Tisch. Wer mit anderen arbeitet: Reden vor »Publikum«. |
| | Tonband- oder Kassettenrekorder-Kontrolle. |

## Anmerkungen zu Übung 12

Bei allen Redeübungen steht immer der Hinweis auf die nützliche Selbstkontrolle durch Tonbandaufzeichnungen. Nun gibt es in fast allen Haushalten inzwischen auch irgendwelche Video-Kameras. Da liegt es natürlich nahe, statt der Tonbandaufzeichnung gleich eine Video-Aufnahme zu machen.

Die Vorteile liegen auf der Hand: Ich bekomme nicht nur den akustischen Eindruck vermittelt, sondern kann auch Körperhaltung, Mimik und Gestik überprüfen und dabei ohne Zweifel viel lernen.

Es können allerdings auch schwerwiegende Probleme damit verbunden sein. Erstens kann die Video-Aufzeichnung wie der Spiegel wirken – das heißt, ich werde in Versuchung geführt, bestimmte (scheinbar) wirkungsvolle oder dramatische Gesten einzupauken, was dann sehr zu Lasten von Natürlichkeit und Lockerheit meines Auftretens gehen kann, bis hin zur unfreiwilligen Komik.

Und zweitens: Vor allem wenn ich allein mit der Video-Kamera bin, wenn also das »Auge« der Kamera mir das Publikum ersetzt, dann ist das eine sehr einschüchternde, zu unnatürlichem und verkrampftem Verhalten führende Sache – es sei denn, ich will mich auf eine Karriere als TV-Nachrichtensprecher oder Fernsehmoderatorin vorbereiten.

Nicht so dramatisch ist es, wenn ich in einer kleinen Gruppe arbeite, wenn ich also neben der Video-Kamera auch immer noch richtiges, lebendiges Publikum habe. Dann nehme ich die Kamera nicht so wahr – ich spreche zu den Menschen, nicht in die unpersönliche Linse.

Der Ratschlag: Arbeitet eine Gruppe zusammen, gibt es eigentlich keine Einwände gegen den Video-Einsatz. Arbeitet man allein, sollte man darauf jedenfalls bei den ersten Übungen verzichten, sich auf jeden Fall aber vor den beschriebenen Problemen hüten, zum Beispiel indem man nicht direkt in die Kamera spricht, sondern sie etwas seitlich aufbaut, während man selber beim Sprechen aus dem Fenster schaut.

9. Übungsschritt
# Auftritt und Rede

Längere Reden werden meist im Stehen gehalten. Und dabei ist das Stehen an sich bereits bedeutungsvoller, als es vielleicht auf den ersten Blick erscheinen mag:
- »Er hat einen festen Standpunkt.«
- »Sie steht zu ihrem Wort.«
- Jemand ist ein »gestandenes Mannsbild«.
- »Sie steht mit beiden Beinen fest auf der Erde.«
- »Wir halten Stand.«

Es gibt eine Fülle solcher Redensarten und Sprichworte, die eine unmittelbare Verbindung zwischen dem Stehen und Selbstsicherheit, Kraft und Stetigkeit herstellen. Das heißt: Nur wer fest und sicher steht, redet auch sicher und selbstbewusst!

Das für uns Interessante dabei ist, dass das feste Stehen nicht nur ein Zeichen für Selbstsicherheit ist, sondern dass das auch andersherum funktioniert: Durch eine bewusst eingenommene feste Standposition kann ich Redeangst und Unsicherheit, die ja auch körperliche Auswirkungen haben, erheblich herunter drücken.

Idealbild ist dabei allerdings nicht das »preußisch-militärische« Stehen (Brust raus, Bauch rein), sondern – im Gegenteil – ein entspanntes, in sich ruhendes Stehen.

Eine leicht gegrätschte Beinstellung, nicht zu straff durchgedrückte Knie, die volle Fläche der Füße im Kontakt mit dem Boden, bewusst locker gelassene Schultern und entspannte Bauchmuskeln – das ist die richtige Ausgangsposition für ruhiges, sicheres Reden.

Es ist wohl kein Zufall, dass diese Art zu stehen vor allem von Frauen oft als unangenehm empfunden wird – viele fühlen sich dabei (immer noch!?) »unweiblich« und zu wenig »graziös«. Frauen wurden und werden wohl nicht zum sicheren Stehen erzogen! Es gibt, so scheint es, immer noch keinen echten Bedarf an

Frauen, die selbstbewusst stehen und demzufolge auch selbstbewusst reden!

Dabei bringt diese feste, ruhende Art zu stehen ganz unmittelbare körperliche Vorteile: Wer so steht, wendet nämlich, ohne sich besonders darauf konzentrieren zu müssen, die sogenannte »Zwerchfell-Atmung« an. Das heißt, dass die Lungen nicht dadurch mit Luft vollgesogen werden, dass man den Brustkorb ausdehnt, sondern dadurch, dass das Zwerchfell (die Trennwand zwischen Brustkorb und Bauchhöhle) nach unten gedrückt wird, der Bauch sich also beim Einatmen etwas nach vorne schiebt.

Und das ist die entspanntere Art der Atmung, die verhindert, dass uns während des Redens die Luft knapp wird.

Eine entspannte Standposition sollte deshalb auch immer dann bewusst wieder eingenommen werden, wenn aus irgendeinem Grunde während des Redens die Luft knapp wird und die Aufregung wieder zunimmt.

Aus dieser Haltung heraus entwickelt sich auch am ehesten eine lockere und natürliche Gestik. Voraussetzung dafür ist allerdings, dass ich auch im Stehen meine Hände nicht behindere, indem ich sie in die Tasche stecke, sie hinter dem Rücken verstecke, die Arme über der Brust verschränke oder mich am Rednerpult oder am Manuskript festklammere. Die Hände müssen also mit angewinkelten Armen locker vor dem Körper gehalten werden – sowie sie nach unten sacken, wird es sehr viel schwieriger, sie wieder nach oben zu bringen, um mit Handbewegungen etwas zu unterstreichen.

Nur der Vollständigkeit halber: Immer bleibt – selbstverständlich! – der Blickkontakt sehr wichtig.

Besonders für den Beginn der Rede ist es nützlich, diese Hinweise zu beachten, denn die ersten Sekunden einer Rede sind natürlich entscheidend für die Gesamtwirkung aber auch für mein Befinden während der ganzen Rede!

Ich stehe also ganz ruhig auf und gehe zum Pult. Dort nehme ich bewusst eine entspannte Standposition ein, sehe meine Zuhörer wenige Augenblicke an, ehe ich dann auf mein Stichwortkonzept blicke, die ersten Stichworte aufnehme und mit meiner Rede beginne.

Spreche ich ohne Pult, halte ich meine Arme leicht angewinkelt, während ich die Karteikarten in einer Hand halte. Ich sollte dabei nicht den Versuch machen, meine Notizen zu verstecken – erstens ist es selbstverständlich, dass man Notizen benutzt und zweitens klappt das sowieso nicht, sondern führt nur zu etwas lächerlichen Situationen. Es ist einfach nur komisch, wenn jemand einige Zettel mit Notizen in der Hand hat, diese aber hinter seinem Rücken versteckt hält, um sie dann von Zeit zu Zeit hervorschnellen zu lassen und einen Blick darauf zu werfen. Und es wirkt ausgesprochen verkrampft, wenn ich meine Stichwortkarten am ausgestreckten Arm so etwa in Höhe der Oberschenkel halte, um dann mit einer »unauffälligen« Verdrehung des Kopfes »heimlich« darauf zu blicken. Alles Unsinn.

Beide Arme sind angewinkelt und in einer Hand halte ich die Karteikarten. Die sind auf diese Art immer in guter Leseentfernung, und wenn ich von Zeit zu Zeit darauf schaue, ist das nicht nur ganz selbstverständlich, sondern tatsächlich auch viel unauffälliger als alle anderen möglichen Verrenkungen!

Spreche ich vom Pult aus, dann lege ich das Stichwortkonzept vor mich hin, trete einen halben Schritt zurück (!) und lege die Hände locker auf den Rand des Pultes. Die Hände müssen dann aber möglichst schnell vom Pult wegkommen, denn auch hinter einem Pult ist Gestik notwendig!

Auch Pausen während einer Rede sind nichts Negatives. Sie erscheinen nur befangeneren Redeneulingen so, weil sie Angst haben, hinterher nicht wieder in Gang zu kommen. Man steht nämlich – auch wenn man seine Pausen ganz bewusst setzt – beim Reden unter dem Eindruck, das Publikum warte ständig darauf, dass es nun endlich weitergehe.

Dabei ist das genaue Gegenteil der Fall: Wer ohne Pausen, ohne Punkt und Komma redet, überfordert die Zuhörenden und das heißt praktisch: Man wird nicht verstanden.

Dafür muss man sich einmal klar machen, dass man als Redender mit seinen Gedanken dem, was man gerade sagt, immer schon ein Stück voraus ist. Während ein Gedanken ausgesprochen wird, formuliert man im Kopf bereits den nächsten Satz. Die Zuhörenden aber sind in einer ganz anderen Situation: Bei ihnen kommen die Gedanken erst dann an, wenn sie ausgesprochen sind. Und deshalb brauchen sie auch mehr Zeit als der Redende. Sie müssen die Chance haben, das eben Gehörte erst einmal zu verarbeiten, ehe sie dann bereit sind weiter zuzuhören. Die Zuhörenden also sind es, die Redepausen brauchen!

Wichtig sind Pausen vor allem nach einem sehr bedeutsamen Satz, der sich besonders stark einprägen soll und zwischen den einzelnen Hauptabschnitten einer Rede.

Die Schwierigkeit des Publikums, das Gehörte schnell genug aufnehmen zu können, sollte auch in einer anderen Art berücksichtigt werden: Bei besonders komplizierten, für die Zuhörenden neuen oder bei sehr wichtigen Teilen meiner Rede sollte ich mich nicht scheuen, das gerade Gesagte noch einmal mit anderen Worten zu wiederholen oder – sehr wichtig! – durch ein Beispiel anschaulich zu machen.

Übung 13:
## Die entspannte Standposition

| | |
|---|---|
| Ziel der Übung: | Entspanntes, sicheres Stehen trainieren. Diese Übung muss häufiger wiederholt werden! |
| Ablauf der Übung: | Die Beine leicht grätschen (Füße etwa 20–30 Zentimeter auseinander, Fußspitzen etwas nach außen). |
| | Die Knie nicht durchdrücken, sondern etwas lockern. |
| | Schultern leicht fallenlassen. |
| | Bauch- und Gesäßmuskeln entspannen. |
| | Arme anwinkeln, die Hände »schweben« in Bauchnabelhöhe vor dem Körper (man fühlt sich dabei viel alberner als man aussieht!). |
| | Diese schrittweise Entspannung einige Male bewusst und langsam ausprobieren. |
| | Danach dann (ebenfalls mehrfach) trainieren, diese Entspannungsschritte schnell, sozusagen wellenartig von oben nach unten durch den Körper laufen zu lassen. Das ist wichtig für die »Entspannung zwischendurch«, also während des Redebeitrags. |

Die 14. und letzte Übung:
## Größere Rede mit allem Drum und Dran

| | |
|---|---|
| Ziel der Übung: | Anwendung aller bisher beschriebenen und geübten Techniken |
| Unterlagen: | Stichwortkonzept der größeren Rede aus Übung 12 |
| Ablauf der Übung: | Es sollten zwei Varianten geübt werden: |

- frei im Raum stehend;
- hinter einem (improvisieren) Pult.

Entspannte Standposition einnehmen (vom Rednerpult einen halben Schritt zurück).

Blickkontakt aufnehmen.

Dann Blick aufs Konzept, Lesen des ersten Stichwortes.

Hochschauen und mit der Rede beginnen.

Laufenden Blickkontakt suchen.

Immer wieder kurz auf das Stichwortkonzept schauen, Stichwort aufnehmen, hochsehen und frei weiterreden; Kontakt zum Stichwortkonzept nicht abreißen lassen.

Pausen nicht vergessen.

Arme angewinkelt halten – Gestik nicht behindern. Hände weg vom Pult.

Auch wer bisher allein arbeiten musste, sollte doch versuchen, für diese Abschlussübung ein, zwei, drei (wohlwollende und nicht zu alberne) Leute zu finden, die die Rolle des Publikums übernehmen. Auch versuchen, eine Video-Aufnahme hinzubekommen.

# III. Abschließende Bemerkungen

## 1. Zum (hoffentlich) guten Schluss

Um es noch einmal ganz deutlich zu sagen: Es kann am Anfang überhaupt nicht gelingen, alles anzuwenden, was in diesem Leitfaden an Konkretem vorgeschlagen wurde. Man muss sich selber die Zeit lassen zu üben, Erfahrungen zu machen, auch und besonders in echten Redesituationen.

Und man darf sich anfangs auch nicht zuviel zumuten!

Natürlich muss der Sprung ins Wasser gewagt werden: Man darf nicht mehr allen Möglichkeiten, frei zu reden, ausweichen, sondern man muss sie suchen und nutzen.

Aber: Es ist gut, wenn man dafür ein abgestuftes Aufbauprogramm entwickelt:

- Zunächst in vertrauteren Kreisen kurze aber gut vorbereitete Kurz-Reden beisteuern – aber nicht um jeden Preis! Lieber einen Beitrag weniger, dafür nur gelungene.
- Übernehmen von Aufgaben, die freies Reden erfordern – zum Beispiel Berichterstattungen über Ausschusssitzungen, Diskussionsleitung bei Gruppenabenden oder kleinen Veranstaltungen.
- Die Anforderungen an sich selbst langsam steigern – nicht gleich auf dem nächsten Parteitag oder am ersten Mai das Hauptreferat halten wollen, sondern im kleineren Kreis anfangen!
- Zunächst lieber zu kurz als zu lang reden und nur Themen wählen, bei denen man sich absolut sicher fühlt!
- Aber auch: Keine Angst vor fremdem Publikum!

Dieser Leitfaden sollte so wenig erklärenden Text und so viele Übungen wie möglich enthalten – deshalb sind eine ganze Menge von Ausnahmen, Finessen und Tipps bisher nicht erwähnt worden. Sie wären aber sicher in dem einen oder anderen Falle sehr nützlich. Deshalb folgen jetzt noch zwei Anhänge, die zum Abschluss auch wirklich durchgelesen werden sollten.

Der erste Anhang besteht aus einer ganzen Reihe verschiedener 5-Schritt-Variationen, aus denen man sicher für jedes Thema die passende Gliederung ableiten kann.

Der zweite Anhang fasst die wichtigsten Schwächen und Fehler zusammen, die man bei sich selber entdecken könnte und gibt entsprechende Ratschläge – hier finden sich viele Hinweise aus dem Leitfaden wieder, aber auch eine ganze Menge zusätzlicher Tipps und Tricks. Das ist nicht nur als Nachschlagewerk für den Fall des Falles gedacht, auch ein systematisches Durcharbeiten lohnt sich.

## 2.  Weitere Beispiele zum 5-Schritt-Aufbau

Das bisher benutzte 5-Schritt-Modell ist die am häufigsten anzu-
wendende Gliederung für eine im weitesten Sinne »politische«
Rede.

Nicht alle Redebeiträge und Themen lassen sich aber nach dem
bisher verwendeten Schema sinnvoll gliedern. Das gilt besonders
für Reden, die nicht in erster Linie die Überzeugung der Zuhörenden zum Ziel haben, sondern die der sachlichen Information dienen sollen (Sachvortrag). Auf den folgenden Seiten sind deshalb
weitere Möglichkeiten des 5-Schritt-Aufbaus dargestellt.

Je nach Ziel, Inhalt und geplantem Umfang des Redebeitrags
muss daraus die am besten geeignete Gliederung ausgewählt
werden. Dabei lassen sich bei längeren Reden auch verschiedene
Gliederungsvorschläge miteinander kombinieren. So kann zum
Beispiel der Teil »Situationsbeschreibung« in einem Redebeitrag
selber wieder wie ein kompletter Sachvortrag nach dem 5-Schritt-
Schema aufgebaut sein; beispielsweise nach dem Prinzip »vom
Allgemeinen zum Besonderen« oder auch nach dem Prinzip »Zustandsbeschreibung«.

Übersicht
## Information zum Verhandlungsergebnis

| | | |
|---|---|---|
| **Einstieg** | Ich fasse kurz und bündig das Verhandlungsergebnis zusammen. | **Warum rede ich?** |
| **Beschreibung und Bewertung** | Ich beschreibe, um was es geht, was erreicht wurde und wie das Ergebnis zustandegekommen ist. | **Wie ist die Situation?** |
| | Ich erkläre, warum ich mit dem Ergebnis zufrieden bzw. unzufrieden bin, was erreicht wurde und was nicht. | **Wie bewerte ich die Situation?** |
| | Ich sage, wie ich mir das weitere Vorgehen vorstelle und schlage dazu Maßnahmen vor. | **Welche Konsequenzen ziehe ich?** |
| **Schluss** | Ich sage dem Publikum, in welcher Reihenfolge wir über welche Punkte diskutieren wollen. | **Das will ich von euch!** |

Übersicht
## Vorschlag eines Kompromisses

---

**Einstieg**

| | |
|---|---|
| *Ich erkläre, warum ich glaube, dass die strittige Frage für die Zuhörenden wirklich wichtig ist.* | **Warum rede ich?** |

---

**Positionsbe-schreibung**

| | |
|---|---|
| *Ich fasse die Position A kurz zusammen:*<br>*– Situation*<br>*– Lösung*<br>*– Argumente* | **Was sagt »Pro«?** |

| | |
|---|---|
| *Ich fasse die Position B kurz zusammen:*<br>*– Situation*<br>*– Lösung*<br>*– Argumente* | **Was sagt »Contra«?** |

| | |
|---|---|
| *Ich sage, welche Gemeinsamkeiten und welche Widersprüche ich bei den beiden Positionen sehe.* | **Was trennt und was verbindet?** |

---

**Schluss**

| | |
|---|---|
| *Ich sage, wie meiner Meinung nach ein Kompromiss aussehen könnte und bitte um Zustimmung.* | **Das ist mein Vorschlag!** |

117

Übersicht
## Vortragen einer Beschwerde

---

**Einstieg**

> Ich stelle zu meinem
> Problem eine
> provozierende Frage
> oder gebe ein Beispiel.

**Warum
rede ich?**

---

**Beschrei-
bung**

> Ich beschreibe, wie die
> Situation aussieht, und
> was die Betroffenen
> auszuhalten haben.

**Wie ist die
Situation?**

> Ich schildere die Folgen
> (auch mittel- und lang-
> fristig) und weise ggf.
> auf die allgemeine Be-
> deutung hin.

**Was sind
die Folgen?**

> Ich mache einen
> Vorschlag, wie die zur
> Beschwerde führende
> Situation verbessert
> werden kann/muss.

**Wie ist das
Problem
zu lösen?**

---

**Schluss**

> Ich fordere die Ein-
> leitung der ersten kon-
> kreten Maßnahmen und
> deute weitere sonst
> nötige Schritte an.

**Das
fordere
ich!**

118

Übersicht – Sachvortrag
## Darstellung einer Problemlösung

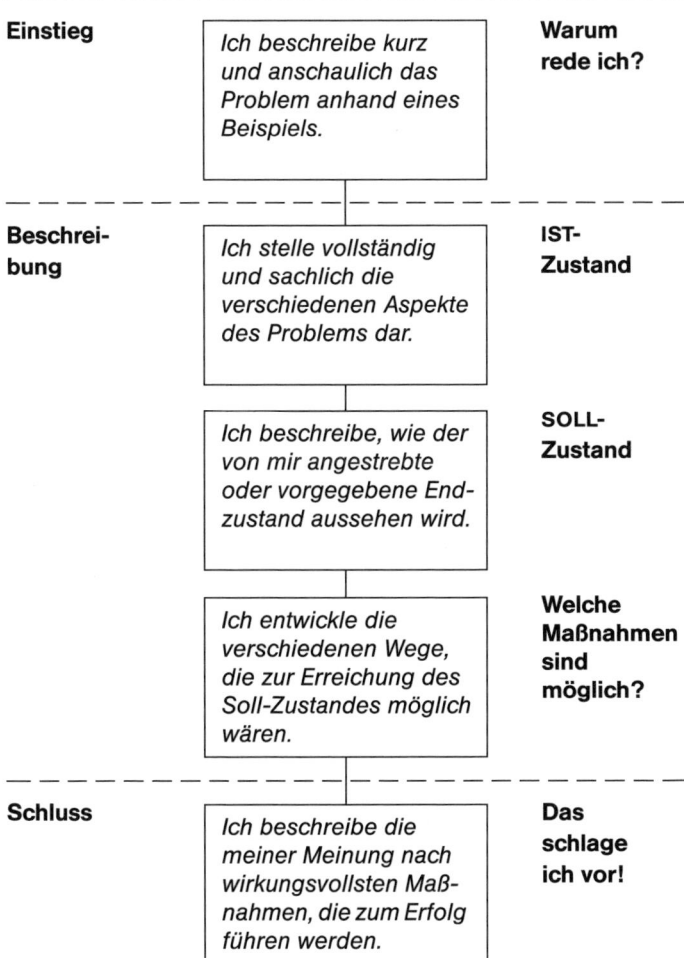

**Einstieg**

Ich beschreibe kurz und anschaulich das Problem anhand eines Beispiels.

**Warum rede ich?**

**Beschrei-bung**

Ich stelle vollständig und sachlich die verschiedenen Aspekte des Problems dar.

**IST-Zustand**

Ich beschreibe, wie der von mir angestrebte oder vorgegebene Endzustand aussehen wird.

**SOLL-Zustand**

Ich entwickle die verschiedenen Wege, die zur Erreichung des Soll-Zustandes möglich wären.

**Welche Maßnahmen sind möglich?**

**Schluss**

Ich beschreibe die meiner Meinung nach wirkungsvollsten Maßnahmen, die zum Erfolg führen werden.

**Das schlage ich vor!**

119

Übersicht – Sachvortrag
## Vom Allgemeinen zum Besonderen

**Einstieg**

*Ich stelle mein Thema vor und begründe kurz, warum ich mich damit beschäftige.*

*Je nach Thema lässt sich diese Gliederung auch umkehren (vom Einzelfall zum Allgemeinen); sie lässt sich in beiden Varianten für die vielfältigsten Themen verwenden; z.B.: Müllproblem im Haushalt, in der Gemeinde und global.*

**Beschreibung**

*Ich sage, wie sich das zu beschreibende Problem für die Gesamtsituation (z.B. Volkswirtschaft) auswirkt.*

*Ich beschreibe die Auswirkungen auf die »nächsttiefere« Stufe – z.B. auf das Unternehmen.*

*Ich beschreibe die Auswirkungen auf die individuelle Situation – z.B. auf den einzelnen Arbeitsplatz.*

**Schluss**

*Ich fasse die wichtigsten Aussagen zusammen und nenne die zu diskutierenden Punkte.*

Übersicht – Sachvortrag
**Zustandsbeschreibung**

---

**Einstieg**

> Ich stelle mein Thema vor und begründe kurz, warum ich mich damit beschäftige.

Auch dieser Aufbau lässt sich beliebig variieren – entscheidend ist nur, dass es sich nicht um über- oder untergeordnete, sondern um gleichrangige Aspekte eines Themas handelt; z.B.: englische, französische, deutsche Interessen; oder: Auswirkungen einer Maßnahme auf Produktion, Versand, Verwaltung.

**Beschreibung**

> Ich beschreibe (z.B.), welche juristischen Aspekte das Thema hat.

> Ich beschreibe (z.B.) die betriebswirtschaftlichen und/oder finanziellen Aspekte.

> Ich stelle (z.B.) die sozialen Auswirkungen dar.

**Schluss**

> Ich fasse die wichtigsten Aussagen zusammen und bewerte sie abschließend.

121

## 3. Die wichtigsten und häufigsten Schwächen und Fehler

- **Auftritt hat nicht geklappt**
  *Ich habe, noch während des Aufstehens oder ehe ich meinen Platz am Rednerpult erreicht habe, begonnen zu reden.*
  *Ich habe keinen Blickkontakt zu meinem Publikum gesucht, bevor ich begonnen habe zu reden.*
  *Ich habe die ersten Sätze viel zu schnell heraus gesprudelt.*

Um diese Fehler zu vermeiden, ist es wichtig, gerade während der ersten, entscheidenden Sekunden der Rede bewusst die vorgeschlagene entspannte Standposition einzunehmen. Sie hilft tatsächlich über die ersten, schwierigsten Augenblicke hinweg – mehrfach trainieren!

- **Blickkontakt hat gefehlt**
  *Ich habe ununterbrochen auf mein Stichwortkonzept gestarrt; ich habe meistens zur Decke hinauf oder auf den Fußboden geblickt. Möglicherweise habe ich auch immer nur ein und denselben Menschen im Publikum angesehen.*

Um das abzustellen, muss richtig mit dem Stichwortkonzept gearbeitet werden:
Das benötigte Stichwort aufnehmen, hochblicken, den Gedanken frei formulieren und dann erst wieder auf das Stichwortkonzept sehen. Das ist nur möglich, wenn das Stichwortkonzept übersichtlich aufgebaut ist.
An verschiedenen Stellen des Raumes Leute heraussuchen, die mir auf Anhieb sympathisch sind und diese dann im Wechsel ansehen, bis ich sicher genug geworden bin, den Blick ganz frei wandern zu lassen.

- **Gestik hat gefehlt**
  *Ich habe bei mir selbst Folgendes beobachtet:*
  - *Ich habe die Arme herunter hängen lassen;*
  - *die Arme auf dem Rücken oder vor der Brust verschränkt;*
  - *die Hände in die Hosentaschen gesteckt;*
  - *mich am Rednerpult oder am Stichwortkonzept festgeklammert;*
  - *die Hände gerungen oder ineinander verschränkt;*
  - *mit dem Kugelschreiber oder etwas anderem herum gefummelt.*

In diesen Fällen besonders darauf achten, dass man bei der entspannten Standposition auch die Hände von Anfang an frei hat. Dafür die Arme anwinkeln, so dass die Hände etwa in Bauchnabelhöhe vor dem Körper in der Schwebe gehalten werden. Man selber kommt sich dabei blöd vor, aber es sieht locker und natürlich aus und es ist die einzige sichere Methode, von Anfang an zu einer guten Gestik zu kommen.

Zu beachten ist ebenfalls, dass man möglichst nichts in den Händen hat (außer, wo es anders nicht geht, das Stichwortkonzept – in einer Hand). Auch Handbewegungen, wie das Zusammenballen, ein angedeutetes Zugreifen, die flach ausgestreckte Hand, können ein Ausdrucksmittel sein. Das muss aber nicht extra einstudiert werden, hält man die Hand nur locker und offen, geht das von allein.

Auch während des Redebeitrags immer wieder daran denken, dass nur aus den angewinkelten Armen heraus eine lockere und natürliche Gestik möglich ist. Dabei die Arme unter Kontrolle halten, damit sie nicht nach einer kurzen Handbewegung wieder hinter dem Rücken oder sonst wo verschwinden.

- **Unruhiger Stand**
  *Gegen Körperbewegungen ist nichts einzuwenden. Es gibt aber Leute, die während des Redens wie beim Boxen auf der Stelle tänzeln. Das macht die Zuhörenden nervös und lenkt sie ab.*

Auch hier ist es wichtig, dass man sich an die entspannte Stand-position vor allem am Beginn der Rede hält und dass man von Anfang an eine lockere Gestik zulässt. Dieses Tänzeln ist eine Art fehlgeleiteter Redeenergie, die in Gestik sinnvoller investiert wäre.

- **Zu schnelles Sprechen**
  Auch hier: Gestik führt fast automatisch zu einigen Pausen im Redefluss – oft ist nämlich nicht einmal die eigentliche Sprech-geschwindigkeit zu hoch, es fehlen nur die Pausen.
  Größere Abstände zwischen den einzelnen Abschnitten des Stichwortkonzeptes erinnern daran, dass hier »Erholungspau-sen« gemacht werden sollten. Vielleicht auch an verschiedenen Stellen des Stichwortkonzeptes mit rotem Stift das Wort »Pause« einfügen.

- **Zu gleichmäßiger, leiernder Tonfall**
  Selbst auf die Gefahr hin, dass die Wiederholung dieses Hin-weises allmählich langweilig wird: Gestik sorgt für lebendigeres Sprechen .
  Besonders problematisch ist es, wenn Sätze, die von ihrer Aus-sage her mitreißend sein sollen, in einem unbeteiligt erschei-nenden Tonfall abgespult werden. Auch hier kann man sich als Erinnerung daran, mehr Kraft in die Stimme zu bringen, einen Hinweis ins Stichwortkonzept machen, indem man solche Stichworte dick und rot unterstreicht (Wiederholen: Übung 9, Seite 83).
  Nachdruck und Engagement sind nicht mit Lautstärke zu ver-wechseln. Auch sehr leise gesprochene Sätze können mit gro-ßem Nachdruck vorgebracht werden. Wichtig ist dabei, dass man nicht nur mit der Stimme, sondern mit dem ganzen Kör-per spricht, alle Muskeln anspannt.

- **Versprecher**

  Das macht überhaupt nichts. War es ein kleiner Versprecher, kann man ihn unbeachtet lassen und weiter reden. War es ein wichtiger Versprecher (der den ganzen Sinn des Gesagten umdreht), einfach noch einmal richtig wiederholen.

  Häufen sich die Versprecher, ist das meistens ein Zeichen dafür, dass man vor lauter Aufregung keine Luft mehr bekommt. Das verführt dann nämlich dazu, immer schneller und schneller zu sprechen, und damit steigt das Risiko weiterer Versprecher. Da hilft es nur, noch einmal kurz die entspannte Standposition einzunehmen, durchzuatmen und langsam weiter zu reden.

- **Steckenbleiben**

  Das beste Mittel gegen das Steckenbleiben ist ein sorgfältig vorbereitetes Stichwortkonzept, auf das man regelmäßig schaut, so dass man nie den Kontakt dazu verliert.

  Bleibt man trotzdem einmal richtig stecken, genügt eine normale Überlegungspause also nicht, um wieder in Gang zu kommen, kann man neue Orientierung suchen, indem man den letzten Satz mit etwas anderen Worten noch einmal wiederholt. Dabei erinnert man sich dann fast immer, wie es weitergehen soll.

  Nützt auch das nichts, soll man ruhig zugeben, hängengeblieben zu sein. Das wirkt menschlich und strahlt mehr Sicherheit aus, als wenn man hilf- und kopflos in seinen Unterlagen blättert und gar nichts mehr sagt. Merke: Es ist kein Zeichen von gutem Charakter, aber es ist so, dass Menschen vor allem über die lachen, die einen unsicheren Eindruck machen, nicht über die, die nur mal steckengeblieben sind!

  Im Notfall überspringt man den Rest des kritischen Punktes und setzt beim nächsten Hauptstichwort neu an. Eine kurze Entspannung und festes Hinstellen ermöglichen einen ruhigen und sicheren Neuanfang.

- **Probleme, den Stichwortzettel zu lesen**
  Wer beim Anfertigen des Stichwortkonzeptes zu klein oder unleserlich geschrieben hat, ist selber Schuld. Das muss man dann eben einfach besser machen. Es gibt aber verhältnismäßig viele Menschen, die auch bei deutlich und groß geschriebenen Worten nur sehr mühselig lesen können. Meist handelt es sich dabei um die sogenannte Legastheniker (Menschen mit Lese- und Rechtschreibschwäche). Für diese Menschen (häufig sind es übrigens Männer) ist es natürlich besonders schwer, an Hand von Stichworten zu reden (mit einem voll ausgeschriebenen Text wäre es allerdings noch schwieriger).
  Wer unter Legasthenie leidet, muss versuchen, mit so wenig Stichworten wie möglich auszukommen und dabei immer nur einzelne Worte sehr groß aufschreiben. Das stellt dann besondere Anforderungen an das Gedächtnis. Deshalb sollten auch die Übungen 3, 4 und 5 (Seiten 49, 50 und 51) sehr oft und immer erneut wiederholt werden.

- **Der Redebeitrag »versickert im Sande«**
  *Das ist eine sehr häufig auftretende Schwierigkeit. Obwohl ich einerseits froh bin, den Redebeitrag hinter mir zu haben, komme ich auf der anderen Seite nicht zum Schluss.*
  Deshalb muss der Schlusssatz immer besonders sorgfältig vorbereitet werden und wörtlich oder mit besonders vielen Stichworten aufgeschrieben werden.
  Die Formulierung selber, besonders auch die Betonung, muss dabei häufig und laut geprobt werden.

- **Verlegenheitslaute oder -begriffe**
  *Oft stelle ich es erst an Hand einer Tonbandaufnahme fest, dass ich nach jedem halben Satz »Ähh« sage, ständig »nicht wahr« oder »also« benutze.*

Das sind Angewohnheiten, die man nicht so leicht wieder los wird. Man muss schon eine ganze Menge Geduld mit sich selber aufbringen. Wichtig ist, dass man es erst mal weiß. Normalerweise merkt man das nämlich gar nicht. Hat man es aber gemerkt, dann stellt man in einer ersten Phase immer wieder fest, dass schon wieder ein »nicht wahr« herausgerutscht ist. Später dann bemerkt man schon, bevor man wieder »nicht wahr« sagen will, dass sich dieser Blödsinn auf die Lippen drängen will und kann das dann energisch runterschlucken (das ist durchaus wörtlich so gemeint, man muss dann einmal kurz schlucken). Und dann ist es nicht mehr weit, bis man sich diese Unart abgewöhnt hat. Leider schafft man sich oft gleich die nächste an, deshalb muss man sich immer wieder kontrollieren.

Aber: Das Abgewöhnen dauert seine Zeit, und die muss man sich selber auch zugestehen.

- **Nervosität, Unsicherheit – und alle sehen das auch**
Irrtum – das Publikum registriert das kaum. Es ist uns äußerlich meist gar nicht anzumerken, dass wir innerlich so aufgeregt und nervös sind. Das sollte man mal gezielt durch Tonband- oder auch Video-Aufnahmen kontrollieren.

Dieses schreckliche Zittern der Stimme, die scheinbar endlose Überlegungspause, der Schweißausbruch oder das Zittern der Knie, all das merken nur wir selber so stark, es kommt aber nicht über die Rampe. Nebenbei bemerkt ist es auf diesen Effekt auch zurückzuführen, dass man immer glaubt, man selber sei der einzige Mensch, der Redeangst hat, alle anderen machen ja einen so sicheren Eindruck.

Merken wir uns also zum Schluss: So schrecklich, wie wir uns während der Rede fühlen, sehen wir niemals aus!

127

Einige Male wurde in diesem Buch aus den berühmten »Ratschlägen für einen schlechten Redner« zitiert – Kurt Tucholsky hat aber auch »Ratschläge für einen guten Redner« ausgearbeitet und diese sollen nun den Abschluss dieses Buches bilden:

*»Hauptsätze. Hauptsätze. Hauptsätze.*
*Klare Disposition im Kopf – möglichst wenig auf dem Papier.*
*Tatsachen, oder Appell an das Gefühl. Schleuder oder Harfe. Ein Redner sei kein Lexikon. Das haben die Leute zu Hause.*
*Der Ton einer einzelnen Sprechstimme ermüdet; sprich nie länger als vierzig Minuten. Suche keine Effekte zu erzielen, die nicht in deinem Wesen liegen. Ein Podium ist eine unbarmherzige Sache – da steht der Mensch nackter als im Sonnenbad.*
*Merke Otto Brahms Spruch: Wat jestrichen is, kann nich durchfalln.«*